JN439132

한국인의 두 얼굴

최중호 수필집

교음사

한때는 가수가 되고 싶었다.

고등학교를 졸업하고 대학에 다니면서 노래자랑에 나가 입상한 후, 유명 작곡가를 만났다. 그는 서울에 가서 한 달 수업을 받으면 신곡 다섯 곡을 취입시켜 준다고 했다.

'하던 일도 멍석을 펴 놓으면 하지 않는다.'는 말이 있다. 작곡가의 말을 듣고 고민을 했다. 그 시절 가수는 20대 초반부터 30대가 절정기였다. 10년을 위해 내 인생의 전부를 걸어야 할 것인가?

불확실한 미래에 내 인생의 전부를 건다는 것에 용기가 나질 않았다.

그 뒤로 생각한 것이 글을 쓰는 일이었다. 글 쓰는 일은 가수와는 달리 나이가 들어도 계속해서 쓸 수 있을 것 같았다. 물론 가수라고 나이가 들면 노래를 할 수 없다는 이야기는 아니다. 대중에게 인기를 얻은 가수라면 나이가 들어도 계속 활동을 할 수 있겠지만, 무명 가수라면 평생 직업으로 선택하기엔 생활에 어려움이 많을 것 같았다.

그래 생각한 것이 수필을 쓰는 일이었다. 수필을 쓰는 일은 가수와 달라서 나이가 들어갈수록 더 원숙한 수필을 쓸 수 있을 것 같았다.

하지만 수필을 쓰는 일도 생각보다 쉽진 않았다.

독서를 많이 하지 않아 정신은 황무지나 다름없었다. 그런 척박한 땅에서 무슨 식물이 자랄 수 있겠는가? 수필 공부를 하기 위해 수필 전문지 몇 권을 정기 구독했고, 일기도 쓰기 시작하였다. 그런 후에도 수필은 잘 써지지 않았다.

생각해 보면 가수가 더 좋은 점도 있었다. 가수는 히트곡 하나만 있어도 평생을 버틸 수 있지만, 수필은 한 편만으론 평생을 버틸 수가 없다. 여러 편의 수필을 써서 발표해야 하기 때문이다.

욕심이라 할까? 독자의 심금을 울리 수 있는 딱 한 편의 수필이라도 좋으니, 그런 수필을 한 편 써보는 것이 소원이라면 소원일 뿐이다.

부족한 글이지만 지금까지 생활하면서 생각하고 겪었던 일들을 모아 한 권의 책으로 엮어 보았다.

첫 번째 내놓았던 문화유적 테마 에세이 『장경각에 핀 연꽃』과는 다른 내용이다.

이번 수필집을 낼 수 있도록 협조해 주신 여러분과 발간을 해주신 교음사 강병욱 대표님께 감사의 말씀을 올린다.

2020. 봄

여강(如江) 최중호

최중호 수필집

1부 평생을 그리워하던 파진산

2부 잃어버린 얼굴

3부 짧은 생애 긴 여운

4부 한국인의 두 얼굴

5부 한심한 아빠

1부

평생을 그리워하던 파진산

노인의 선물

선물을 할 때는 세 번 즐거움이 따른다고 한다. 선물을 해야겠다고 생각할 때와 물건을 고를 때, 그리고 주고 난 후의 즐거움이다.

누구나 한 번쯤은 선물을 주고받은 기억이 있을 것이다. 이런 즐거움을 느껴 본 사람은 얼마나 될까?

선물이란 물건에 있는 게 아니고 주는 사람의 마음에 있는 것이 아닐까. 마음에서 우러나온 선물은 오래 기억되지만, 마음이 떠난 것은 쉽게 잊힐 것이다.

십여 년 전 ㅊ공고에서 근무할 때의 일이다. 한 노인이 대나무로 만든 비를 한 짐 지고 학교에 온 일이 있었다. 그 노인에게는 아들이 하나 있었는데 결혼 후 병으로 죽었다. 그 후 불행 중 다행으로 아버지의 얼굴도 보지 못한 손자가 태어난 것이다. 그의 유일한 즐거움은 자라는 손자에게 있었다.

손자가 고등학교에 다니기 위해 시골집을 떠났다. 손자의 얼굴이 눈에 아른거린다. 학교로 찾아가 보고 싶었지만, 거리가 멀어 그리하지 못했다.

며칠을 궁리했다. 손자도 만나고 선생님께 인사하는 방법으로 비를 만들기 시작했다. 그는 즐거웠다. 농사일로 거칠어진 손이지만 비를 만들 때는 비단을 짜는 정성으로 만들었다. 밑부분은 붓처럼 둥글면서 가늘어졌고 손잡이 부분은 칡덩굴로 묶어 가지가 잘 빠져나오지 않도록 동여맸다.

비를 다 만들던 날, 그는 좋아서 잠을 이루지 못했다. 비를 차곡차곡 묶은 다음 새끼로 멜빵을 만들어 등에 짊어졌다가 내려놓길 여러 번 하였다고 한다.

그는 늠름한 모습으로 자란 손자가 열심히 공부하는 걸 보았다. 눈에선 어느새 이슬이 맺힌다. 대견해서 흘린 눈물이다. 학생들이 교사(校舍) 주변을 쓸고 있다. 그들의 표정이 유난히 밝은 것은 노인의 따뜻한 정이 전해진 것일까.

가을이 무르익어 가고 있다. 나도 사랑하는 사람을 위해 마음이 깃든 선물을 하나 준비하고 싶다.

(1992.『중도일보』「중도춘추」)

은행잎 편지

편지함을 쳐다보는 습관이 있다. 어디서 올 편지가 있는 것도 아닌데, 기다려지는 것은 지난날의 추억 때문일까.

고등학교 2학년 봄이었다. 꿈과 낭만이 함께하던 수학여행은 가을에 있었는데 그 코스는 남해안으로 정해졌다.

친구들 몇이 모였다. 숙박하는 장소에 있는 여학생들과 편지로 미리 사귄 후, 여행 때 만나자는 것이다. 우리의 편지 상대는 통영에 있는 여학생이었다.

우선 편지를 써야 할 텐데, 처음 써보는 분홍빛 사연이라 잘 써지지 않았다. 애꿎은 편지지만 여러 장 버렸을 뿐이다. 그게 당연한 일이었다. 그때 나의 꿈은 가수가 되는 것이었다. 그래서 라디오에서 나오는 대중가요에는 귀에 익숙했으나, 시나 소설에는 눈이 어두웠다. 책 한 권 제대로 읽지 않았다.

학교에서 배운 국어 실력을 다 동원했는데도 편지는 채 한 장도 되지 않았다. 읽어 보면 할 말은 다 했는데 문장력이 마음을 따르지 못해 너무 짧았다. 이것을 그대로 보냈다가는 여학생에게 호감은커녕 답장을 받을지 의문이었다.

하는 수 없이 편지를 잘 쓰는 친구에게 부탁하기로 하였다. 친구의 글솜씨는 마음에 들었다. 그의 멋진 문장이 하룻밤 사이에 주인이 바뀌게 되었다. 내가 주인이 된 것이다.

누구에게 보낼까. 편지를 받아 볼 여학생의 이름은 물론 주소도 모르는 처지였다. 궁리 끝에 나와 학년 반 번호가 같은 여학생에게 보내기로 하였다. 하지만 답장이 올 확률은 아주 낮았다. 그때만 해도 남녀가 사귀는 것이 공공연하지 못해, 남학생한테 편지가 오면 그 여학생은 선생님의 지도를 받아야 했기 때문이다.

어느 여름날, 집배원이 편지 한 통을 전해 주었다. 내게로 온 편지다. 처음 받아 본 편지라 무척 반가웠다. 나는 좋아서 읽고 또 읽었다. 호주머니에 넣고 다니며 시간이 날 때마다 꺼내서 읽었다.

답장을 써야 했다. 이번엔 친구의 손을 빌리지 않고 직접

써 보기로 마음먹었다. 하지만 편지를 쓴다는 것은 쉽지 않았다. 낯모르는 여학생의 모습은 아름답게 그릴 수 있었으나, 써야 할 말이 영 생각나지 않아 고민만 하였다. 편지는 역시 짧았다. 나같이 둔한 머리로 좋은 문장의 편지를 쓴다는 것은, 어쩌면 척박한 땅에 큰 나무를 키우려는 것과 같다는 생각이 들었다.

어린 시절, 집 뒤란에 묘목 한 그루를 심은 적이 있었다. 은행나무다. 그 나무는 몇 년이 지나도록 별 변화가 없었다. 변한 것이 있다면, 다른 나무에 비해 잎이 작았고, 가을이 되기 전에 잎이 누렇게 변하는 것이었다.

나중에 안 일이지만, 은행나무는 비옥한 땅에서 잘 자란다고 했다. 나무가 잘 자라지 않고 잎이 작았던 것은, 척박한 토양 때문이었다. 나무는 영양실조였다.

은행나무를 생각해 본다. 그 나무는 마음의 양식이 될 책을 읽지 않아, 편지를 쓸 때마다 적절한 문장으로 표현하지 못해 어려움을 겪었던 내 모습과 같았다.

짧은 내용의 편지였으나 편지를 보낸 후 답장을 기다리는 것은 무슨 연유일까. 그녀를 그리워했나 보다.

그녀와 몇 차례의 편지가 오가는 동안 기다리던 가

을이 왔다. 그러나 나는 여행을 가지 못했다. 홀로 계신 어머니의 마음을 상하게 할까 봐, 그때까지 여행이란 말조차 꺼내지 못했다.

친구들이 여행을 떠나던 날, 나는 어머니를 따라 밭에 나가 땅콩을 캐야 했다. 몸은 비록 여행을 떠나지 못했지만, 마음은 벌써 친구들을 따라나서고 있었다.

생각은 아름답고 자유로운 것이다. 상상이란 실현보다 실현 가능성에 더 가치가 있는 것이 아닐까. 자연경관도 실제로 보는 것보다 사진이나 영상으로 보는 게 낫고, 그보다 더 나은 것은 상상하는 것이다.

내 상상의 나래는 가을 하늘 높이 날아 통영으로 갔다. 편지를 나눈 여학생과 처음 만난다 생각하니, 가슴은 뛰고 얼굴은 붉어졌다. 맨 처음 무슨 말을 할까 망설이고 있을 때 갑자기 손끝이 쓰렸다. 호미가 아름다운 꿈을 시기라도 하듯 상상의 나래 깃을 찢어 버린 것이다.

손가락에 난 상처를 보는 순간 내 처지가 그렇게 초라할 수가 없었다. 통영에 간 친구들이 더없이 부러웠다.

며칠 후, 여행을 떠났던 친구들이 돌아왔다. 그들은 여학생들을 만났다고 했다. 만남이 얼마나 즐거웠던지 피로한 기색은 하나도 없었다. 그들은 나와 편지를 나누었던 여학생도 만났다고 한다. 그녀는 내가 올 것이라 믿고 즐거운 마음으로 나왔다가 침울한 표정만 남기고 돌아갔다 하였다.

그녀로부터 편지가 왔다. 사연 없는 편지 속에서 노란 은행잎 하나가 나왔다. 무슨 의미일까? 그 뒤로 그녀의 편지는 오지 않았다.

그 후, 우리집은 읍내로 이사를 했고, 나는 고향 집에 한 번도 가본 적이 없다.

어려서 심었던 은행나무가 그리워진다. 30년이란 세월이 흘렀으니 몰라보게 자랐을 것이다. 뿌리도 깊이 뻗었을까. 그렇다면 가을엔 크고 노란 은행잎을 달고 있으리라. 그러나 한 그루만 심었기 때문에 분명 이성(異性)을 그리워할 것이다.

은행나무는 마주 보아야 그 의미가 있다. 은행나무는 떨어져 있어도 바람에 의해 열매를 맺을 수 있다던데….

오늘도 내 시선이 편지함에 머무는 까닭은 노란 은행잎 때문일까.

(1992. 『수필문학추천작가회 수필선집·2』)

평생을 그리워하던 파진산

어렸을 적 꿈이 이젠 그리움으로 남아 있다. 초등학교 시절엔 그 산의 이름이 교가에도 있어 학교 행사 때마다 불렀다. 또한 우리집이 동향집이라 날마다 그 산을 볼 수 있었다. 그 산은 부여군 석성면 봉정리에 있는 파진산(破陣山)이다. 백제 멸망의 슬픈 전설을 간직한 채, 휘돌아가는 백마강에 산자락을 적시며 흐느껴 울던 산이다.

어렸을 때부터 나는 그 산을 바라보며 살았다. 그 산은 근방에서 제일 높은 산으로 경사가 심해서 쉽게 오를 수 없는 산이라고 소문이 났었다. 게다가 산이 강 건너에 있기 때문에 가보지 못하고 바라만 보던 신비로운 산이었다. 우리 동네에선 그 산에 가 봤다는 사람이 아무도 없었다. 그래 언젠가는 그 산에 꼭 한번 가 봐야겠다고 마음을 먹었다.

드디어, 오늘 60여 년간을 별러왔던 파진산에 가보기로 하였다. 높고 수려해서 이름난 산은 아니지만, 어렸을 적부터 가보고 싶었던 산이라 마음이 설렜다.

처음 가는 산이라 위험을 대비해 친구들과 함께 나섰다. 우리는 석성면 현내 2리에 있는 평화교회 쪽으로 올라갔다. 가파른 길을 숨을 몰아쉬며 15분 정도 오르니 산 정상에 도착했다. 그토록 가보고 싶었던 파진산에 올라온 것이다. 정상은 평평했다. 먼저 내가 살던 장암면 장하리 쪽을 바라봤으나 큰 소나무들이 병풍처럼 가리고 있어 잘 보이지 않았다. 하지만 백마강 하류 쪽은 앞이 확 트여 논산과 강경, 임천 방향은 시원하리만큼 잘 보였다. 유유히 흐르는 백마강, 그 양옆으로 너른 들이 펼쳐져 있고 그 끝에 높고 낮은 산이 솟아 있다. 그곳에서 아름다운 풍광을 한동안 바라보았다. 하지만 내가 살던 고향은 보이지 않아 산 정상에다 아쉬움 한 자락을 남겨두고 내려왔다.

이곳에 온 김에 파진산 능선에 있는 석성산성(石城山城)에도 가보기로 하였다. 석성산성으로 가는 길가에 탑골공원이 있다. 공원에는 백제무명용사들의 영령을 위로하는 충혼비가 세워져 있다. 먼 옛날 석성산성에서 주둔하던 백제 병사들은 나·당 연합군을 맞아 위기에 처한 나라를 구하기 위하여 목숨을 바쳐 싸웠을 것이다. 병사들의 피맺힌 절규와 처절한 몸부림도 많은 적을 막아내기엔 중과부적이었을 것이다. 그들은 목숨을 바쳐 석성산성을 지키려 했지만 성은 함락되고 사비성마저 적에게 빼앗기니, 그 영혼들은 눈물을 흘리며 허물어진 산성 주변을 맴돌고 있으리라.

다행히 그들의 충정을 안타깝게 생각하는 사람들이, '석성산성 수호 백제무명용사 충혼비'를 세워 그들의 넋을 위로하고 있었다.

마을 안쪽에 산성으로 가는 길이 있다. 그곳에서 산 중턱까지는 자동차를 타고 올라갈 수 있었다. 산언덕엔 많은 돌무더기가 흩어져 있고, 일부는 돌을 쌓아 성을 복원하는 공사가 한창 진행되고 있었다.

석성산성은 사적 제89호로 백제의 수도인 사비성 남쪽을 방어했던 산성이다. 성 아래에 차를 주차하고 걸어서 정상으로 간다. 여기저기에 흩어진 돌무더기를 지나 정상인 옥녀봉에 올랐다. 이곳은 사방이 탁 트인 봉우리라서 시야가 넓고 앞이 시원하게 보인다. 파진산 정상에서 보지 못했던 나의 고향은 물론, 백마강 상류 쪽인 부여도 잘 보였다. 사방을 돌아보며 아름다운 풍경을 마음껏 조망할 수가 있었다. 여기서 아름다운 경치를 더 감상하고 싶었지만, 가보고 싶은 곳이 남아 있어 옥녀봉에서 내려왔다.

마지막으로 백마강변에 있던 봉무정 나루터로 갔다. 이곳은 전에 장암면 하황리와 석성면 봉정리를 잇는 나루가 있던 곳이다. 하지만 나루터는 흔적조차 없다. 다만, 추억을 그리워하는 나그네만이 짙은 향수(鄕愁)를 넋두리로 남기고 떠나가는 곳이 되었다.

어렸을 적 파진산은 경사가 심하고 산 아래로 강물이 흘러 사람들이 쉽게 다니지 못했는데, 지금은 자전거 종주길이 생겼다. 길을 따라 강의 상류 쪽으로 가보았다. 참으로 아름다운 길이다. 이렇게 아름다운 길이 파진산 자락에 숨겨져 있다니….

길 왼쪽으로 강물이 흐르고 오른쪽으론 산의 절벽이다. 포장된 길을 자동차로 조금 가니 봉정리 취수장이 나온다. 여기서부터는 데크길이라서 차가 들어가지 못한다. 걷거나 자전거로만 갈 수 있는 길이다.

중국의 천문산 귀곡잔도에선 아래가 천 길 낭떠러지라서 오금이 저렸는데, 여기 데크길 아래엔 시퍼런 강물이 흐르고 있어 가슴을 조인다. 산 절벽에서 뻗어 나온 나뭇가지가 데크길 위로 아취를 그리며 강 쪽으로 향했다. 이 길은 전율을 느끼며 아름다운 경관을 감상할 수 있는 환상의 길이다. 앞에 펼쳐지는 새로운 풍경에 취해 한동안 길을 걷다 보면 어느새 데크길이 끝나고 현북 양수장이 나온다. 여기서부터는 부여 쪽으로 가는 자동차 길이다.

백마강 상류 쪽을 바라본다. 강 가운데에 자연스레 만들어진 작은 섬들이 있어, 또 다른 경관이다. 강물 위에 나무와 억새 그림자가 비치고, 작은 섬들 사이로 청둥오리들이 평화롭게 유영을 한다. 강은 맑아 거울 같은데 작은 섬에서 자란 나무와 억새가 바람과 어우러져 춤을 춘다. 여기 물 위에 비친 그림자는 어느 솜씨 좋은 화가가 그린 뛰어난 그림이 아니던가? 참으로 아름다운 풍경이다.

당나라 시인 백거이(白居易)는, '경치가 좋은 곳은 본래 주인이 없다.'고 하였다. 내가 이곳의 주인이 된 것 같다.

무릉도원이 따로 있다던가. 이곳이 바로 선경(仙境)이요 무릉도원이 아닌가. 한동안 넋을 잃고 앞에 펼쳐진 아름다운 경관을 바라보았다. 파진산 자락에 파노라마처럼 펼쳐지는 멋진 풍광을 바라보며, 오늘 이곳에 오기를 잘했다는 생각이 들었다.

다시 한번 앞을 바라보았다. 바로 강 건너가 나의 고향이다. 지척이라서 가보고 싶었지만, 강물이 앞을 막아 가지 못한다. 산이 강을 건너지 못하듯 나도 강을 건너지 못했다.

(2019. 『월간문학』 6월호)

아들의 배신

할아버지의 묘소로 가는 길에는 여러 그루의 밤나무가 있다. 후손들이 묘소를 오가면서 조상을 한번 생각해 보라는 뜻일까?

어릴 적 할아버지 묘소 근처에 친구들과 함께 칡뿌리를 캐러 갔다가 밤나무 밑에 떨어져 있는 밤들을 주워, 묘 앞에 놓고 절을 하고 온 기억이 있다.

예로부터 밤나무는 마을의 수호신인 장승이나, 위패(位牌),* 신주(神主)* 등의 재료로 쓰여 왔다. 그것은 향기가 좋거나 깎기 좋아서가 아니라 밤나무가 어떤 상징성을 갖고 있기 때문일 것이다.

대부분의 식물은 씨앗이 싹을 틔우고 나면 흙이 되지

만, 밤은 땅속에서도 씨앗이 잘 썩지 않는다. 씨가 나무로 자라서 열매를 맺을 때까지 뿌리에 붙어 있다고 한다. 이러한 현상은 자신과 조상과의 관계를 의미하며 조상은 항상 자신과 영적(靈的)으로 연결되어 있다고 생각해 볼 수가 있다.

그리고 밤은 심은 지 3년이 지나야 열매를 맺고, 세 번 이식하게 되면 질 좋은 밤을 얻을 수 있으며, 껍질을 세 번 벗겨야 제대로 먹을 수 있다.

밤나무에서 자신과 조상과의 관계를 연상해 볼 수 있지만, 밤송이에서도 부모와 자식과의 관계를 엿볼 수 있다.

이번 추석 성묫길에도 떨어져 있는 밤을 몇 개 주웠다. 껍질에서 윤기가 자르르 흘러 만져보니 토실토실하다. 보통 밤송이는 세 톨의 밤이 들어 있는데 어떤 것은 한 톨만 들어있는 것도 있다.

한때는 가족계획을 하자는 뜻으로 '아들딸 구별 말고 하나만 낳아 잘 기르자'라는 구호가 유행한 적도 있었다.

밤송이도 세태의 풍습을 닮아가는 것일까? 밤송이 속에 잘 여문 세 톨의 밤이 들어 있는 것을 보면서 핵가족화된 요즈음 가정을 생각해 보았다. 밤송이에서 가운데 들어 있는 밤이 자식이라면, 양옆에 붙어 있는 밤은 부모라는 생각이 든다. 양옆에 붙어서 가운데 있는 밤을 잘 보호해주기 때문이다.

세 톨 모두 잘 여문 밤이 경제적이나 정신적으로 여유가 있어 부모와 자식이 다복한 가정이라면, 가운데 알밤만 한 톨 있고 양쪽에 쭉정이가 되어 버린 밤은 경제적 빈곤으로 자식을 위해 모든 걸 헌신한 부모가 아니겠는가.

잘 여문 알밤의 양옆에 쭉정이로 붙어 있는 밤을 보면서, 어릴 적 동네에 살던 한 아저씨가 생각났다.

그는 일찍 아내를 잃고 아들과 함께 살았다. 아들이 고등학교를 졸업하고, 서울에 있는 명문대학의 정치외교학과에 합격하자 세상을 다 얻은 듯 기뻐하였다. 그래 농사짓는 것도 포기하고 아들의 출세를 위해 서울로 떠났다.

시골에서 농사만 짓던 그가 서울에 올라와서 할 수 있는 일은 별로 없었다. 손쉬운 대로 지게를 지고 서울역에서 손님들의 짐을 날라 주는 일을 하며 아들의 학비를 벌었다. 일이 힘들고 고달팠지만, 아들만 생각하면 기분이 좋아 어려운 줄 몰랐다.

비 오는 어느 날, 비가 와서 그런지 손님이 별로 없었다. 일거리가 없어 한가해지자 저세상으로 간 아내가 생각났다. '아내가 지금 대학에 다니는 아들의 모습을 본다면 얼마나 좋아할까?' 생각이 여기에까지 미치자, 그는 자신도 모르게 비를 맞으며 학교로 갔다. 학교에 가면서도 어머니 없이 홀아비 밑에서 말썽 없이 자라준 아들이 너무나 고마웠다.

대학 정문에서 아들이 나오기만 기다렸다. 얼마를 기다렸을까? 친구들과 함께 재미있게 이야기하면서 나오는 아들을 보았다. 아들을 보는 순간, 그날따라 아들이 더욱 대견하고 자랑스러워 가슴이 뿌듯했다. 반가운 마음에 아들의 이름을 불렀다. 하지만 아들은 아버지 목소리를 못 들었는지 친구들과 함께 그대로 갔다.

그는 아들이 자신을 보지 못한 것으로 생각하고 다시 한번 크게 아들의 이름을 불렀다. 아들과 아들 친구들이 모두 뒤돌아보았다. 아들은 태연하게 웃으며 친구들에게, "우리 집 머슴이야."라고 말한 후 그대로 가버렸다.

순간 그는 아들에게서 받은 배신감과 함께 아들에게 걸었던 모든 희망이 물거품처럼 사라져 가는 것을 느꼈다. 허탈감에서 다리의 힘이 쑥 빠지면서 똑똑한 아들을 둔 못난 자신을 원망해 보았다. 그리고 집에 돌아와서 일 나가는 것도 포기하고 누워 버렸다.

하지만 자식인 걸 어떡하랴.

그 후, 아들은 대학을 졸업하고 중앙의 모 일간지 정치부 기자로 근무하면서 좋은 가문의 여자와 결혼했다. 그는 자신의 모든 걸 희생하면서 키우고 가르친 잘난 아들을 뒤로하고,

시골로 내려와 농사일을 계속했다.

그의 인생을 밤송이에 비유해 보면 가운데 있는 알밤을 위해 모든 영양분을 빼앗겨 쭉정이가 된 밤이 아닐까 하는 생각을 해 보았다.

나는 어떻게 생긴 밤일까?

어려서 아버지를 여의었기 때문에 아버지를 상징하는 오른쪽 밤은 이미 쭉정이가 되었을 것이고, 왼쪽에 있는 밤도 자식을 위해 제대로 먹지도 입지도 못한 어머니를 생각하면 별로 영글지 못한 밤이었을 것이다. 하지만 어려운 환경에서도 어머님의 따뜻한 보살핌으로 건강하게 자랐기 때문에 가운데 있는 밤은 오른쪽 면은 둥글고, 왼쪽 면은 다소 경사진 토실토실한 밤이었을 것이다. 하지만 부유한 상태에서 자라지 못해 한쪽 면이 기울게 여물었을 것이다.

그러면 나의 밤을 다시 땅에 심었다고 생각해 보면, 그 밤송이는 내가 머물고 있던 밤송이와는 달랐으면 싶다. 나의 씨앗에서 자란 밤나무에선 어떠한 밤이 열릴까? 세 톨 모두 잘 여문 밤이 되었으면 좋겠다.

*위패(位牌) : 단(壇)이나 묘(廟), 원(院), 절 등에 모시는 죽은 사람의 이름을 적어 놓은 나무 조각

*신주(神主) : 죽은 사람의 위패

(2006. 『월간문학』 6월호)

비둘기 소녀

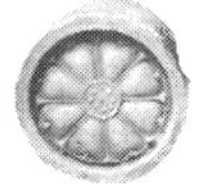

오늘따라 좀 늦게 퇴근을 하는데 일 학년 여학생이 상처 난 비둘기를 안고 쫓아와 말을 건다.

"남학생들이 비둘기를 잡아 죽이려는 것을 빼앗아 가지고 왔다."며, "보건실에 갈 수 있느냐?"고 묻는다. 하지만 퇴근 시간이 훨씬 지난 뒤라 보건 교사는 이미 퇴근한 상태였다.

그래 "동물병원으로 가져가 보라." 했더니, "돈이 없다." 고 했다. 생각해 보니 이 근처엔 동물병원이 없어 모르는 척하고 퇴근할 수도 없는 처지였다. 이 일을 어떻게 처리해야 할지 참으로 난감했다.

하는 수 없이 "사람의 눈에 잘 띄지 않는 향나무 울타리 속에 놓아주고 가라."고 했다.

그 후 여학생과 나는 학교를 나와 집으로 갔다.

비둘기는 한때 '평화의 상징'이라 하여 많은 사람의 사랑을 받아 왔다.

기독교에선 그리스도가 요한에게 세례를 받는 동안 성령이 비둘기의 모습으로 나타났다 하여 성령의 상징이 되었고, 옛날엔 전서구(傳書鳩)라 하여 발에 편지를 매달아 연락을 주고받는 방법으로도 이용되었다.

이렇듯 많은 사람의 사랑을 받아왔던 비둘기였다. 하지만 요즈음은 아토피나 폐렴과 같은 질환을 옮기고, 산성이 강한 배설물은 건물이나 동상 등을 부식시키는 원인이 된다고 하여 유해 야생동물로까지 지정되었다.

이러한 이유로 해서 외국에서도 비둘기의 번식을 줄이기 위해 천적인 매를 방생하는가 하면, 알을 수거하고 심지어는 사료에 피임약까지 넣는다고 한다.

이제 비둘기는 사람들에게 애물단지가 되어버렸다.

'남학생들에게 잡혀 왔던 비둘기도 이러한 까닭이었을까?' 비둘기에 대한 사랑이 예전과 같지 않다.

이튿날 출근을 하면서 어제 울타리 속에 놓아주었

던 비둘기가 궁금해 그곳으로 갔더니, 그 여학생도 이미 울타리 근처에 와 서성이고 있었다. 비둘기가 궁금해 아침 일찍 등교해 울타리 속에서 비둘기를 찾고 있었던 것이다.

"비둘기가 없어졌다."고 한다. 아무리 찾아봐도 비둘기의 모습은 보이지 않았다. 밤사이 비둘기는 자신의 몸을 추슬러 다른 곳으로 간 모양이다.

비록 사람들의 사랑을 받지 못하는 비둘기였지만, 고귀한 생명을 살려 주려던 그 여학생의 마음이 정말 고마웠다. 그래 선행 학생으로 표창해 주기로 마음먹었다.

표창식 날 전교생에게 그동안의 경위와 새를 사랑하는 마음이 너무 고마워 표창한다고 설명을 한 후, 그 여학생을 표창하였다.

그 후 가끔 교실을 순회하기 위해 복도를 걸어가는데 한 여학생이 다가와 웃으며 인사를 한다. 많은 학생이 인사를 해서 말없이 고개를 숙여 답례만 하고 지나가는데, 한 여학생이 내가 자신을 알아보지 못한 것이 못내 아쉬운 듯 자신을 "비둘기"라고 소개하였다. 그 후 그 여학생은 내가 자신을 알아보지 못할 때마다 항상 웃으며 "비둘기"라고 말을 해 그녀의 얼굴이 눈에 익게 되었다.

3년의 세월이 지나 그 여학생도 중학교를 졸업하고 고등학교에 진학하였다.

얼마 전 급성 신장염으로 병원에 입원하게 되었다. 병실에 누워만 있기도 무료해 운동도 하고 바람도 쐴 겸 해서 병원 주변을 돌아다니는데, 구내매점 앞에서 여고생 몇 명이 서성이고 있었다. 이곳저곳을 다니다가 매점 앞에 있는 의자에 앉아 쉬는데, 그 여학생들도 내 옆으로 와 앉는다.

"병원의 구내매점은 밖에 있는 가게보다 가격이 비싼 편인데, 학생들이 왜 이곳에 와서 과자를 사 먹느냐?"고 물었더니, "학교엔 매점이 없어 이곳에 와 사 먹는다."고 하였다.

그때 한 여학생이 다가와 반갑게 인사를 하며, "교장 선생님 아니세요?"라고 묻는다. 그때 나는 환자복을 입고 링거병이 매달린 지지대를 잡고 있었기 때문에 그 꼴이 말이 아니었다. 그래 당황하면서 "그렇다."고 대답을 했다. 여학생의 눈매를 보니 어디서 많이 본 것 같은 생각이 들었다. 하지만 어디서 봤는지 영 기억이 나질 않아 망설이고 있는데, 그 여학생이 웃으며 "비둘기"라고 말하며 인사를 했다.

그리고는 같이 있던 친구들에게 "비둘기 때문에 선행상을 타게 되었다."고 자랑까지 했다.

상이란 참 좋은 것이다. 상을 받는 목적이 확실할 때 더욱 더 좋은 것이 된다. 하지만 목적과는 달리 공적도 별로 없는 사람이나, 남의 공적을 이용해 상을 받는 사람이 있다면 많은 사람의 웃음거리가 되고 상에 대한 가치도 떨어질 것이다.

상처 난 비둘기로 인해 만난 여학생을 환자복을 입고 병원에서 다시 만났다. 비둘기가 하룻밤 사이 갈 곳을 찾아 떠나갔듯, 나도 그녀를 만난 후 얼마 되지 않아 병원에서 퇴원하게 되었다.

비둘기는 이튿날 다시 볼 수 없었지만, 그 여학생은 어엿한 소녀가 되어 다시 만날 수 있었다.

(2014.『한국수필』 5월호)

금요 장터

금요일이면 아파트 옆에 장이 선다. 넓은 차도 옆에 일직선으로 길게 자리 잡은 금요 장터다. 일주일에 한 번씩 서는 장이지만 사람들이 많이 모인다. 그곳에는 시골에서 올라온 농산물이 주류를 이루지만 수산물과 공산품도 있다.

생활에 의욕이 없거나 어릴 적 생각이 나면 가끔 금요 장터를 찾는다.

그곳에서 열심히 살아가는 사람들의 모습을 보고 싶어서다. 그곳엔 물건을 팔기 위해 크게 외치는 상인의 목소리가 있고 중년 가요 디스코 메들리도 있다. 그 소리 외에 물건을 팔고 사기 위해 나누는 이야기도 있다. 상인은 돈을 더 내라 하고 소비자는 값을 깎으려 한다. 그렇게 해서 흥정이 끝나면 서로 활짝 웃는 웃음과 함께 작은 물건 하나를 더 끼워주는 인정도 있다. 또한, 그곳에는 소박하게 살아가는 사람들의 이야기도 있다. 채소나 약초를 팔기 위해 시골에서 오신 할머니의 거친 손에는 집에서 기다리는 어린 손자와 손녀의 기다림이 있고, 생선을 단칼에 자르는 젊은 사내의 근육질 팔뚝에선 늙은 노부모의 기다림도 있다.

어렸을 적엔 시장에서 먼 시골에 살았다. 오일장이라 닷새에 한 번씩 장이 섰다. 부여장은 걸어서 5km를 가야 했지만, 강경장은 뱃길로 12km를 갔다. 따라서 동네 사람들은 걸어서 가는 부여장보다 시장 규모도 크고 배를 타고 갈 수 있는 강경장을 선호했다. 어느 날 어머니를 따라 강경장에 가 보았다. 강경장에는 시골에서 보지 못한 물건들이 많았다. 여기저기 두리번거려 봤지만 제 눈의 안경이랄까? 무엇보다 내 눈에 먼저 띈 것은 동네에서 쉽게 볼 수 없는 사탕이나 과자들이었다. 사탕이나 과자들은 장에나 가야 볼 수가 있고 먹을 수 있었다.

그런 재미로 장날을 기다렸다. 하지만 장날마다 어머니가 장에 가시는 것은 아니었다. 돈이 필요할 때만 장에 가셨다. 농사지은 곡식을 장에 나가 팔아 쓸 돈을 마련했기 때문이다. 어머니가 장에 가실 때마다 따라갈 수는 없었다. 어머니는 강경까지 가는 뱃삯이 비싸 곡식을 싣고 갈 때만 배를 이용하셨고, 오실 때는 뱃삯을 아끼기 위해 12km나 되는 먼 길을 걸어서 오셨다. 그래 장에 가고 싶어도 따라갈 수 없었다. 어쩌다 어머니가 장에 가신 날에는 밤늦도록 잠도 자지 않고, 눈이 빠지도록 어머니를 기다린 적도 있었다.

오늘도 금요일이다. 아파트 사람들이 물건을 사기 위해 카트를 끌고 금요 장터로 간다. 나는 꼭 사야 할 물건도 없으면서 어느덧 마음은 그들의 뒤를 따라 비좁은 장터 길을 걸어가고 있다.

(2015.『수필문학』 9월호)

내가 살던 고향

내가 태어난 곳은 백제의 고도 부여에서 5㎞ 떨어진 부여군 장암면 장하리로 한적한 시골 마을이다. 부여에서 백마강 굽이를 따라 규암을 지나 도요지가 발굴된 정암리에 이르면, 강줄기가 거의 일직선으로 파진산을 향해 흐른다. 그 중간에 두루미란 나루터가 있었다. 지금은 나루터 대신 양수장이 들어서 있는데, 그곳은 많은 사람의 애환이 서렸던 기다림의 장소요, 어린 시절엔 장에 간 어머니를 기다리며 애를 태웠던 장소였다.

차가 없던 시골에선 생활필수품을 구하기 위해 오일장을 보았는데, 장이 섰던 곳은 부여장과 강경장이었다. 부여는 마을에서 강을 건너 5㎞를 걸어야 했고, 강경은 뱃길로 12km를 가야 했다.

백마강 하류에 있던 고향 마을은 차편이 없어 걷거나 배를 타고 가는 것이 유일한 교통수단이었다. 시장이 멀어 장날을 제외하고는 시장을 볼 수 없기 때문에, 밥상에 오르는 반찬은 집에서 가꾼 채소나 강에서 얻을 수 있는 것들이었다. 강에서 여름에 얻을 수 있었던 것은 조개와 우어가 있었다. 어렸을 적엔 많이 잡혀 쳐다보지도 않았던 우어가, 지금은 아주 귀한 횟감으로 대접을 받고 있다. 금강 변에 있는 어느 유명한 음식점에 들러 우어를 주문했더니, "백제 시대에는 임금님께 진상했던 고기"라고 말을 한다. 희소성 때문인지 흔해서 푸대접만 받던 우어도 때를 잘 만나 귀한 횟감으로 인기를 얻고 있었다.

씹을수록 고소한 맛이 나는 우어는 성질이 급한 고기라 물 밖에만 나오면 바로 죽었다. 그래서 장기간 보관하면서 필요할 때 구워 먹기 위해선, 소금을 뿌린 후 볕에 말려 두었다.

그곳에 살면서 지금까지 잊을 수 없는 맛은, 약간 푸른빛에 누런빛을 띤 복어 맛이다. 가끔 그 맛이 생각나 복집을 찾지만, 어린 시절 그 맛은 아니었다. 크기도 작을뿐더러 그때 먹었던 복어가 아니라서, 그 연하고 담백한 맛을 느낄 수 없다.

강가에 드넓게 펼쳐진 백사장은 우리들의 놀이터였다. 여름

날 오후, 아이들은 강가 풀밭에 매어 둔 소를 끌어오기 위해 뜨거운 햇볕을 받으며 강가로 나갔다. 시원한 그늘이 없는 들판이라도 아이들에겐 놀이터가 되었다. 소를 풀밭에 풀어놓고는 씨름도 하고 달리기도 하였다. 그러다가 더위에 지칠라치면 누가 먼저랄 것도 없이 모두 강물로 뛰어들었다. 어른들은 "강에 들어가지 말라."고 주의를 줬건만, 뜨거운 햇볕에 오래 견딜 장사는 없었다. 수박밭에서 미리 따 가지고 온 수박을 강물에 던져 놓고 수구(水球)도 했고, 소를 강으로 몰고 와 소꼬리를 잡고 수영도 배웠다.

우리집 뒤에는 태성산(台城山)이 있다. 그 산은 대학 입시에 실패한 나의 유일한 도피처였다. 기다랗게 뻗어 내려온 능선은 강가 나루터에서 그만 멎고 말았다. 산 정상에는 유금필 장군을 모신 태사각(太師閣)이 있다. 해마다 음력 정월이면 마을 사람들은 공동으로 제물을 마련하여 마을의 안녕과 풍년을 기원하는 당제(堂祭)를 올렸다.

입시 실패로 사람들 앞에 나서기가 부끄러워 낮엔 집 안에 있다가, 저녁이면 산에 올라 굽이쳐 흐르는 백마강을 바라보며 작은 소망을 빌기도 하였다.

같은 마을이지만 작은 산 너머엔 탑상골이라 부르는 마을도 있었다. 고려 시대에 건축된 보물 제184호인 '장하리 3층 석

탑'이 있었기 때문이다.

어린 시절 꿈과 애환이 어린 고향이지만, 28년 전 부여 읍내로 이사를 한 후 자주 찾지는 못했다. 하지만 일 년에 두 번은 마을 앞을 지난다. 조부모님과 숙부님의 묘소가 마을 언저리에 모셔져 있기 때문이다. 마을 앞을 지날 때마다 그리워서 쳐다보는 곳이 있다. 바로 내가 살던 집이다. 그 집도 자주 찾지 않아서인지 나를 나그네로만 바라보고 있다.

마을에서 5㎞를 지나면 아버지가 다니셨던 임천(지토리)광산이 나온다. 그곳도 이미 폐광이 된 지 오래라 흙더미와 양철지붕의 관사 몇 채만 남아 지난 세월을 말해주고 있다.

그곳엔 조상님과 부모님의 묘소가 있다. 지토리에서 남서쪽으로 보면 성흥산 정상에 있는 거목이 인상적이다. 백제 시대엔 군사 제일의 요충지였던 성흥 산성이다. '호서 제일경'으로도 손꼽히는 성흥산에는, 대조사(大鳥寺)와 더불어 고려국 개국공신인 유금필 장군의 사우가 있다.

백제의 겸익 율사의 꿈에 '황금빛 새가 큰 바위 위에 날아와 앉아, 그 바위가 광명주를 들고 서 있는 관음보살로 변신한 곳에 창건했다.'는 대조사. 큰 바위틈에 의지한 오백여 년 된 노송이 높이 12m의 석조미륵보살입상을 감싸고 있는 모습이 예사롭지 않다.

해발 260m의 성흥산은 그리 높진 않지만, 정상에서 바라보는 전망은 높은 산에 비할 바가 아니다. 북쪽으로 사비성이 보이고, 남쪽으론 금강이 굽이쳐 흐르는 논산과 강경벌이 보이며, 멀리는 익산 미륵산과 장항제련소까지 보인다. 사방을 둘러봐도 막힌 데 없이 확 트인 전망이, 그 옛날 군사의 요새지였음을 증명해 주고도 남는다. 그래서 백제 시대에는 이곳에 820m의 성을 쌓고 사비성의 외곽을 철옹성같이 수비하던 곳이었다. 아직은 사람들에게 잘 알려지지 않아 한적하지만, 부여를 찾는 관광객이라면 한번 둘러보라 권하고 싶은 관광지이다. 중턱의 커다란 암석이 인상적인 성흥산은 오르기도 쉽다. 승용차로 산 중턱까지 오를 수 있어, 노약자라도 10여 분이면 성벽이 있는 성흥산 정상까지 올라 확 트인 전망을 관상(觀賞)할 수 있다.

(1998.『수필문학』 9월호)

주례 견학

○군한테서 주례를 서달라고 전화가 왔다. 생각지 않은 일이라 웃음부터 나왔다. 사회를 볼 나이에 주례를 선다는 것이 어색했기 때문이다. 다른 사람을 소개해 준다 했더니, 그는 한 수 더 떠서 말을 했다. 주례를 서 줄 분이 없어서 그런 게 아니고, 선생님을 주례로 모시고 결혼을 해야겠다고 한다. 더 이야기해도 결론이 나지 않을 것 같아 시간이 나면 찾아오라 하였다. 그가 오면 다른 사람을 소개해 주리라 마음먹었다.

그 후 나는 학생들과 함께 제주도로 수학여행을 떠났다. 그동안 그가 학교로 날 찾아왔다고 한다.

십여 년 동안 소식이 없던 그가 왜, 나를 주례로 지목

했을까? 하고 생각해 보았다.

그는 학창 시절 회사로 현장 실습을 나갔다. 그 회사에 근무하고 있던 선배들이 후배들이 왔다고 환영회를 해준 것이다. 학교생활의 규제에서 풀려난 실습생들은 마음이 느슨해지기 시작했다. 호기심에 권하는 술도 마시고 담배도 피워 보았다.

환영회가 끝나고 숙소로 돌아가는 길에 ㄴ군이 지나던 사람과 시비가 붙었다. 그때 ㄴ군은 행인에게 상처를 입히고 도망쳐 버렸고, 곁에서 구경하던 ㅇ군이 경찰서로 끌려갔다. 그곳에서 그는 모든 잘못을 자신이 했다고 거짓 자백을 하여 경찰서에 구속되었다.

부모를 일찍 여읜 그는 사랑의 결핍 대신 친구 간 의리를 소중하게 생각했던 모양이다.

그 후, 젊은 형수의 눈물 어린 간청과 내가 써준 탄원서가 효력을 봤는지, 삼 개월 만에 풀려 나왔다.

설날 아침, 파릇하게 윤기 흐르는 머리로 내게 세배하러 왔던 기억이 있다.

그동안 소식은 전하지 못했지만, 마음속으론 나를 생각하고 있었나 보다. 거친 세월의 소용돌이 속에서 진한 정을 간직하고 있던 그를 잊었던 내가 부끄러웠다. 결혼 날은 다가오는데 그에게선 아무 소식이 없었다. 연락처도 모르니 어떻게 해볼 도리가 없었다. 하루하루가 지날수록 부담만 늘어갔다. 그렇다고 내가 주례를 설 수도 없고 연락이 없는 걸 보면 문제가 해결된 것도 같은데, 만약 결혼 날짜에 임박해 찾아온다면 어떻게 할 것인가. 그때를 준비해 두기로 하였다.

일요일 오후, 친구와 함께 예식장으로 갔다. 나와 관련이 없는 사람의 결혼식이라 어색했지만, 염치 불고하고 자리에 앉았다. 마침, 비디오 기사가 몰래 들어와 앉은 것을 발견이라도 한 듯 라이트를 비춘다. 얼굴이 달아올랐다. 그러나 기사는, 식장에 온 모든 사람의 모습을 빼놓지 않고 필름에 담는 게 아닌가. 그제야 달아올랐던 얼굴이 원상태로 돌아왔다.

기사는 불청객까지 신랑 신부에게 영원한 추억으로 만들어 줄 셈인가 보다. 신혼부부에겐 미안한 생각이 들었으나, 우릴 하객으로 대우해 준 기사에겐 고마운 마음이 들었다. 주례 견학을 하러 이곳에 온 나는 예식 절차와 주례의 행동을 모두 메모하였다.

박수 소리가 들린다. 한 쌍의 부부가 탄생한 것이다. 내게 견학의 기회를 준 그들이기에 힘껏 축하의 박수를 보냈다.

ㅇ군은 결혼 전날에야 찾아왔다. 그를 설득해 봤으나 소용이 없었다. 주례를 서 주지 않으면 결혼을 못하게 된다고 했다. 나를 생각해 주는 마음은 고마웠으나 부담이 갔다. 결국,

그의 부탁을 들어주기로 했다.

그가 돌아간 후, 곰곰이 생각해 봐도 자신이 없었다. 주례 견학을 하러 갈 때 만해도 타인에게 미뤄야겠다는 생각에 별 부담이 없었다. 이제 모든 걸 떠맡고 보니 걱정이 앞선다.

주례의 자격은 있는 것일까? 주례는 나이가 들고 사회적 지명도가 있어야 하며, 원만한 인품을 소유하고 평탄한 인생을 살아온 사람이라야 제격일 것 같다. 그래야 주례의 고매한 인품이 신혼부부에게 스며들 게 아닌가. 나는 그런 조건을 갖추지 못했다. 우선 사회적 지명도와는 거리가 먼 교사로서 나이도 겨우 불혹(不惑)에 접어든 것이다. 그리고 원만한 인품은 고사하고 소견이 좁아 너그럽지도 못하다. 게다가 평탄한 인생을 살아온 것도 아니다.

아버지를 일찍 여의었기 때문에 외쪽사랑의 결핍 증세가 있다. 매사를 긍정적이기보다 부정적으로 보는 편견이 있어 남을 칭찬하거나 격려하는데 인색한 편이다. 마음은 그렇지 않지만, 표현 방법이 서툴러 찬 느낌마저 준다.

그런 까닭에 내가 주례를 선다는 것은 모순이었다. 하지만, 승낙하고 말았으니 그에게 미안한 마음을 갖고 주례를 서는 수밖에 없었다.

○군의 결혼식 날, 예식장 입구는 하객들로 만원이다. 예정

시간보다 좀 늦게 도착해 사람들 사이를 비집고 식장에 들어갔다. 신랑은 하객들에게 인사하느라 바쁘다. 나를 보자 기다렸다는 듯이 달려와 맞는다. 도착할 시간이 되어도 오지 않아 무척 기다렸던 모양이다. 시간이 얼마 남지 않았다.

예식장 전면 좌측에는 주례가 앉아 있을 의자가 있었다. 그곳에 앉아 있기가 민망하여 객석 주변을 서성거렸다. 식이 시작되기 직전에야 그곳에 가 앉았다. 사람들의 시선이 내 얼굴에 머무는 것 같아 표정이 굳어졌다. 그들이 나누는 대화에 주례가 너무 젊다고 하는 것 같았다. 이런 처지를 미리 생각했음인지 옆에 있는 커튼으로 몸을 숨길 수 있어 마음이 좀 누그러졌다.

사회자가 주례를 소개하며 식은 시작되었다. 모든 사람의 시선이 식장 중앙으로 집중되었다. 지금까지는 커튼이 나를 감싸줬지만, 이젠 뜨거운 시선을 혼자 감당해야 했다. 어색한 걸음으로 하객들 앞에 섰다. 모든 절차를 조심스레 진행해 나갔다. 주례사는, 청색과 홍색은 각기 독특한 특징이 있지만, 혼합하면 부드러운 보라색이 된다. 이처럼 신랑과 신부는 자신의 색깔을 너무 강조하지 말고, 서로 양보하고 이해하여 공통된 색채를 띤 화목한 부부가 되어 달라고 당부하였다. 처음 생각했던 것보다 수월하게 끝나 마음이 후련해졌다.

주례의 임무를 마치고 밖으로 나가 안도의 숨을 쉬고 있는데, 종업원 아가씨가 부른다. "기념사진을 촬영하셔야지요." 생각지도 않은 일이 남아 있어 다시 나를 당황케 했다. 주례 견학 시, 사진 촬영하는 걸 보지 않고 밖으로 나왔기 때문에 그렇게 된 것이다.

사진을 촬영할 때 신랑 신부를 앞장세우고도 긴장은 풀리지 않았다. 멍청한 자세로 하객들 눈치만 살폈다. 이때 비디오 기사의 조명이 얼굴을 달아오르게 하고, 사진사의 플래시는 눈까지 멀게 했다. 네가 무슨 자격이 있어 주례를 섰느냐고 꾸짖는 것만 같았다.

비록 주례는 자격이 없다 할지라도, ㅇ군 부부만은 순풍에 돛단배가 되어 너른 바다를 순항하길 빌어 본다.

(1991. 『한밭교육』 제4호)

운명이 달라진 두 친구

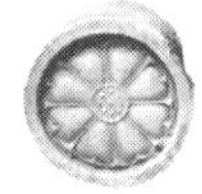

어렸을 적 같은 동네에 친한 친구가 둘 있었다. 두 친구는 나처럼 아버지가 일찍 돌아가셔서 홀어머니 밑에서 자랐다. 이웃에서 서로 의지하며 아주 친하게 지냈다.

ㅎ군은 공부도 잘하고 부지런했다. 초등학교를 졸업할 무렵 어느 날 ㅎ군에게 놀라운 일이 생겼다. 우리가 돌아가신 줄만 알았던 그의 아버지가 집으로 돌아오신 것이다. 우리는 그의 아버지를 보고 깜짝 놀랐다. 그의 아버지는 한국전쟁 때 이웃 동네와 사상적 대립을 할 때, 우익세력이었던 이웃 동네 사람을 죽이는 데 관여를 하였다. 전쟁이 끝난 후 그의 아버지는 법원에서 무기 징역형을 선고받고 교도소에서 복역하다 석방이 되어 집으

로 돌아온 것이다.

그는 중학교를 졸업하고 경쟁률 높은 서울의 ㅇ공고로 진학했다. 전교생에게 등록금과 수업료를 전액 면제해 주는 학교라서, 성적이 우수하고 가정 형편이 어려운 시골 학생들에겐 선망의 대상인 학교였다. 그는 공고를 졸업한 후 친구와 함께 사업을 시작했다. 하지만 사업 경험은 물론 사회 경험이 없었던 그는 사업에 실패하고 말았다. 혈기 왕성한 20대 초반에 사업의 실패는 그에게 큰 충격이었다. 그는 한동안 좌절하다가 공군 부사관에 자원입대하였다. 훈련을 받을 때는 연락이 와서 몇 차례 만났지만, 훈련이 끝난 후에는 소식이 없었다.

소문으론 그는 군 복무를 마친 후 회사에 취직했다고 하였다. 자신의 처지가 부끄러워 친구들에게 연락하지 않았던 것 같다. 그 후 그의 소식은 들을 수가 없었다.

다른 친구 ㅁ군도 공부를 아주 잘했다. 하지만 그는 가정 형편이 어려워 중학교를 졸업한 후 ㄱ상고에 진학하였다. 고등학교에 다닐 때도 누나가 남의 집에서 일을 해서 그의 학비를 조달해 주었다. 그는 고등학교 3학년 1학기를 마치고 외환은행 본점으로 현장 실습을 나갔다. 그 시절엔 재학 중 현장 실습을 나가면 졸업과 동시에 그 회사에 취업이 되었다. 그는 군 복무를 마친 후 한국은행에 시험을 봐서 직장을 옮겼다.

많은 노력과 성실히 근무한 탓에 어려운 승진도 했고 외국에 나가 지점장도 지냈다. 그는 귀국한 후에 본점의 국장으로 근무하다 얼마 전에 퇴직하였다.

ㅁ군의 아버지는 착한 사람이라 했다. 하지만 한국전쟁 시 우익세력이 득세하자 이웃 동네 사람들이 자기 동네 사람을 죽인 것에 대해 보복을 하기 위해, 우리 동네로 떼 지어 몰려와 살인사건 관련자를 찾았다. 이에 관련자들은 이미 다 도망갔고, ㅁ군의 아버지는 그 사건과 관련이 없어 피하지 않고 집에 있다가, 이웃 동네 사람들한테 끌려가 억울한 죽임을 당하였다.

물체가 구부러지면 그 그림자도 구부러진다고 하였다. 두 친구가 걸어온 길을 보면서 '보이지 않는 어떤 힘이 작용하는 것 같다.'는 생각이 들었다.

'아버지의 인과가 자식에게 돌아온 건 아닐까?'

(2015. 『수필문학』 7월호)

2부

잃어버린 얼굴

잃어버린 얼굴

처음 본 청년이 안면 있는 것처럼 반갑게 찾아와 인사를 한다. 생각을 더듬어 봐도 그런 얼굴은 본 적이 없다. 혹시 잘못 알고 찾아온 것이 아닐까. 조심스레 말을 건넸다.

청년은 8년 전에 내가 담임을 했다고 한다. 그 말에 내 기억은 더 혼란해졌다. 누구냐고 물으니, ㅅ군이라 했다. ㅅ군이라면 기억이 난다. 얼굴이 희고 성실한 학생이었다. 그런데 내 앞에 서 있는 청년은 분명 ㅅ군이 아니다.

오늘은 기능사 실기 시험을 치르는 날이다. 수검자는 학생보다 일반인들이 많았다. 시험이 끝나면 시험위원들이 제품을 채점하여 합격, 불합격을 결정하게 된다. 그런 까닭에 낯선 사람들도 찾아와 인사를 하는 경우가 더러 있다.

우리는 얼굴을 보고 그가 누구인지를 알아낸다. 전에 만났던 사람의 이름은 잊어버려도 얼굴은 기억날 때가 있다. 얼굴을 제외한 신체 다른 부분도 사람마다 다르겠지만, 그가 누구인지 알기 위해선 먼저 얼굴을 본다. 그처럼 얼굴은 자신을 나타내는 간판 구실을 하기도 한다.

얼굴은 신체의 기능과 운명을 나타내는 모니터이다. 몸이 불편하면 피부색이 변하고, 마음이 심란할 때는 표정이 바뀐다.

사람의 얼굴은 천차만별이다. 이목구비(耳目口鼻)에 따라 고유의 특징을 지니고 있다. 그래서 관상학에선 그 사람의 운명과 개성까지 판단하는 것이 아닐까.

요즈음은 성형 수술의 발달로 밉던 얼굴도 예뻐진다. 하지만 예뻐지고 싶다는 욕심이 수술로 인해 본래 얼굴도 못 찾는 경우가 있다고 한다. 이는 마음을 가꾸기보다 겉치레만 신경 쓴 허영심의 결과가 아닐까.

얼굴은 머리 모양과 화장술에 따라 달라질 수 있다. 사람마다 개성에 맞게 얼굴을 가꾸기 때문이다. 그래도 크게 변하지 않는 것이 있다면, 그것은 골격일 것이다. 골격은 생활의 여유가 있거나 볼에 살이 붙은 사람은 잘 드러나지 않지만, 빈곤

하거나 신경과민인 사람은 쉽게 드러난다.

얼굴은 우리가 태어날 때 부모로부터 받은 최초의 선물이다. 얼굴은 성장하며 조금씩 변해 간다. 어렸을 때와 성장 후의 모습이 비슷한 사람도 있겠지만, 몰라보게 달라진 사람도 있다.

바로 ㅅ군이다. 그는 학창 시절 백옥같이 흰 얼굴이었다. 얼굴이 타기 쉬운 여름철에도 그의 얼굴은 희었다. 남자 얼굴에서 보기 드문 섬세하고, 고운 얼굴이었다. 그러나 내 앞에 서 있는 그는 그런 얼굴이 아니다. 뜨거운 난로 곁에 너무 가까이 놓은 양초 인형의 얼굴처럼 형편없이 일그러진 얼굴이다.

학창 시절의 얼굴은 한 군데도 찾아볼 수 없었다. 단지 얼굴 전체의 윤곽만 남아 있을 뿐이었다.

무슨 까닭에 그 곱던 얼굴이 그렇게 변한 것일까.

졸업 후, 그는 가스를 취급하는 곳에서 일을 하였다. 작업 도중 한 동료가 무심코 버린 담배꽁초가 가스에 인화되어 폭발한 것이다. 그는 전신 화상을 입고 순식간에 다른 사람의 모습으로 변한 것이다.

링컨은 나이 40이 지난 사람은 자신의 얼굴에 책임을 져야 한다고 했다. 그것은 인격을 두고 한 말일 것이다. ㅅ군의 얼굴은 누가 책임을 져야 하는가. 운명으로 돌리기에는 너무 가혹하지 않은가.

못생긴 얼굴도 상처가 나면 마음이 상하기 마련인데, 귀공자 같던 얼굴은 오죽했으랴. 그는 변해 버린 얼굴 때문에 고민을 많이 했단다. 삶을 포기하려 한 적도 있었다고 했다.

그는 젊은 나이에 죽는 것은 부모에 대한 불효요, 자신에게 주어진 삶을 포기하는 것으로 생각하였다.

"나는 지금 살아 있다. 죽은 사람은 아무 일도 할 수 없지만, 나에겐 일그러진 얼굴을 제외하면 신체 다른 부분은 튼튼하다. 내게 남겨진 삶은 이 몸으로 성실히 살아가라는 하늘의 계시일 것이다."라고 깨달았던 것이다. 그리고 현장에서 숨진 동료의 몫까지 살아가리라 다짐하였단다. 그는 새로운 자격증을 취득하여 다시 산업 현장에 근무하기 위해 시험에 응시했던 것이다.

그의 이야기를 들은 후에도 얼굴은 쳐다볼 수가 없었다. 얼굴을 보면 학창 시절의 얼굴이 떠올라 가슴 아프기 때문이다.

그의 얼굴은 어디서 다시 찾을 수 있을 것인가. 잃어버린 얼굴을 찾기 위해 집에 돌아와 앨범을 펼쳐보았다. 그는 밝은 표정으로 나를 쳐다본다. 맑은 눈동자는 미래를 예견치 못한 채로.

그의 얼굴을 오래 간직하고 싶다. 그러나 마음의 갈피 사이론 언제 나타났는지 오늘 본 낯선 얼굴이 와 머문다.

잃어버린 얼굴을 되찾기 위해선, 변한 얼굴 위에 밝은 표정과 고운 마음을 그려 넣으면 될 것 같다.

(1991.『한국수필』 겨울호)

솔가지를 든 소방대원

봄바람이 분다. 하지만 겨우내 움츠렸던 어깨를 펴기에는 좀 이른 느낌이다.

고향으로 가기 위해 오후에 차를 몰고 나갔다. 가을엔 곡식들로 들판이 풍성했는데 지금은 한가롭다. 너른 들판 여기저기서 연기가 피어오른다. 해충을 없애기 위해 불을 지른 것이다. 불길 위로 피어오르는 연기 속에 떠오르는 기억이 있다.

초등학교에 갓 입학했을 때였다. 수업이 끝나고 집으로 돌아가는 데 매서운 바람이 불었다. 작은 몸으로 세찬 바람을 안고 걷기란 그리 쉬운 일이 아니었다. 걸음조차 떼기 어려웠다.

그날도 거센 바람을 막아주던 저수지 언덕은 우리가 쉬어 가기에 딱 좋은 장소였다. 거기서 뒹굴며 재미있게 노는 동안 따뜻하게 비춰만 주던 햇볕도 열기를 잃고 서산으로 기울어 갔다. 햇볕이 가시자 몸이 조금씩 떨리기 시작했다. 이때 한 아이가 찢어진 성냥갑과 몇 개의 성냥개비를 꺼내자 모두의 관심은 그 아이에게로 쏠렸다. 그 애가 성냥으로 불을 켜려 하자, 우리는 그의 주위에 빙 둘러앉아 바람막이가 되어 주었다. 하지만 성냥불을 켜는 데 익숙하지 못했던 그 애는 성냥을 여러 번 켜 봤지만, 성냥불은 켜지지 않았다. 힘주어 켜 봐도 성냥개비만 부러질 뿐 불은 켜지지 않았다. 잔디 위로 부러져 나간 성냥개비를 주워 다시 켜봤지만, 이번엔 성냥개비에 묻어 있던 유황마저 떨어져 나갔다.

그 시절 어른들은 아이들이 성냥갑을 가지고 다니면 불을 낼까 봐 갖고 다니지 못하게 하였다. 하지만 호기심 많던 아이들은 어른들 몰래 성냥갑에서 인(燐)이 칠해져 있는 긋는 부분을 조금 찢어 낸 후, 성냥개비만 몇 개 가지고 다녔다.

성냥불이 켜지지 않자 모두가 실망하고 있을 때, 좀 떨어진 곳에 있던 ㄱ이 "이리 와서 불을 쬐라."며 소리를 지른다. 추위에 떨고 있던 우리에겐 반가운 소리가 아닐 수 없었다. 모두가 "야아 ~." 하고 소리를 지르며 그곳으로 달려갔다. 처음엔 서로 바짝 붙어 불을 쬐며 몸을 녹였다. 바람이 한바탕 지나가자 불길은 빠른 속도로 번져 나가기 시작했다. 불길이 번질수록 우리는 조금씩 뒤로 물러나 앉았다. 불길이 번질 때마다 옮겨 앉다 보니 이젠 서로의 간격도 점점 멀어져갔다.

불길은 바람의 속도에 따라 잔디를 빠르게 태워나갔다. 불길이 꽤 넓게 번지자 우리는 겁이 났다. 누가 먼저랄 것도 없이 각자 신발을 벗어 불을 끄기 시작하였다. 신발로 불을 끄는 속도는 빠르게 번져가는 불길을 따라잡을 수 없었다.

모두 불 끄는 동작을 멈추고 근처에 있는 산으로 달려갔다. 산으로 가면서도 빠르게 번져가는 불길은 우리의 마음마저 태우고 있었다. 산에서 소나무 가지를 닥치는 대로 꺾어 가지고 달려와 불을 끄기 시작하였다. 신발로 끌 때보다는 나았지만 넓게 번지는 불길은 쉽게 잡히질 않았다.

불길이 번지는 곳으로 따라가 불을 끄다 보면 불은 언제 그랬냐는 듯 되살아나 다시 타고 있었다. 달려가 불을 꺼 봤지만, 불길은 우리를 조롱이나 하듯 멀리 달아나 버렸다. 얼마나 두들겨 불을 껐던지 이젠 팔이 아프기 시작했다. 소나무 가지에 달려 있던 솔잎도 다 떨어져 나가서 앙상한 가지만 남아 있었다. 지칠 대로 지쳐 버린 솔가지를 든 소방대원들은 멍청히 서서 불길이 번져가는 것만 바라보고 있었다.

저수지에 물은 가득했으나 불을 끄는 데는 아무 소용없었다. 이젠 등에 둘러메고 있던 책보로 불을 끄기 시작하였다. 책보 속에 책이 싸여 있었지만 그런 것을 생각할 겨를이 없었다. 그렇게 두들겨 꺼 봐도 소용이 없었다.

저수지 언덕의 절반 이상이 검게 타버렸다. 우리는 서로 얼굴만 쳐다볼 뿐 아무 말이 없었다. 그것도 잠시뿐, 이제는 불을 낸 것에 대한 책임을 서로 회피하기 시작하였다. 그러자 맨 처음 잔디에 불을 붙였던 ㄱ은 무척 당황하고 있었다. 겁을 먹어 얼굴이 창백해졌고 눈에선 눈물까지 글썽거렸다. 불을 낸 죄책감 때문이다. 그의 애처로운 눈물이 측은하기는 했지만, 그 누구도 그를 동정하지 않았다.

모두 애태우며 불길이 번져가는 것을 속수무책으로 바라볼 뿐, 불을 끄는 데 필요한 어떤 묘책도 제시하지 못했다. 이젠 빠른 속도로 번져가는 불길을 바라볼 용기조차 없었다. 차라리 보지 않는 것이 상책이었다.

우리는 약속이나 한 듯, 하나둘 집으로 도망치기 시작하였다. 그래도 ㄱ만은 그곳에 남아 불길이 번지는 것을 안타깝게 바라보고 있었다. 이제 그도 체념했는지 멀찌감치 떨어져 우리의 뒤를 따라오고 있었다. 나중에 삼수갑산을 갈지라도 우선 그곳에서 벗어나고 보자는 생각뿐이었다.

우리가 집으로 돌아왔을 때는 불길도 잔디를 다 태우고 더 태울 곳이 없어 저절로 꺼졌을 것이다.

이튿날 등교하면서 우리는 저수지 화재의 방화 공범임을 숨기고, '잔디가 어디까지 탔을까?' 하는 조바심으로 저수지 언덕을 살피며 걸어갔다.

차창 밖에 피어오르는 연기 속엔 어린 시절 솔가지를 든 소방대원의 모습이 희미하게 보인다.

아직도 산등성이에는 하얀 눈이 남아 있다. '차가운 눈은 매화 속에 사라지고, 봄바람이 버들가지 위로 돌아온다.'는 당나라 시인 이백의 시 한 구절을 떠올려 본다.

어느새 봄은 우리 곁에 성큼 다가와 있었다.

(2017.『수필문학』 4월호)

주름 속에 묻힌 세월

어머니.

어머니 가슴은 제 마음의 고향입니다. 저에게 누구보다 소중한 마음의 안식처요, 절대적인 존재입니다. 제가 네 살 때 아버님은 저의 곁을 떠났지요. 그 때문에 아버지란 말은 생소했지만 어머니란 말은 언제나 제 곁에 친근하게 다가왔지요.

어머니, 당신은 저의 성장 과정에서 가장 큰 영향을 주셨고, 지금도 많은 가르침을 주고 계십니다. 어머니께서는 오늘도 자식들만을 생각하고 계신다는 걸 저는 압니다. 여든일곱의 노구(老軀)에도 불구하고 새벽마다 장독대에 정화수(井華水)를 떠 놓고, 자식들이 잘되기를 천지

신명(天地神明)께 빌고 계십니다.

어머니, 저는 어릴 적 희미한 기억 속에서나마 아버지를 생각해 봅니다. 그때 가장 부러웠던 것은 친구들이 아버지를 부르며 아버지의 손을 잡고 다니는 것이었습니다. 하지만 저에겐 왼손을 잡아줄 어머니는 계셨지만, 오른손을 잡아 줄 아버지가 계시지 않아 늘 마음이 허전했습니다. 그런 마음을 달래기 위해 어머니 팔에 매달려 어리광을 부리고도 싶었지만, 그때마다 어머니는 바쁜 일손에 쫓겨 한가하게 아들의 손을 잡고 다닐 여유가 없으셨지요. 그런 까닭에 어린 저의 손에도 부드럽고 따뜻한 어머니의 손목 대신에 딱딱하고 차가운 호미가 쥐어졌고, 호미를 든 저는 어머니의 뒤를 따라 밭으로 나가야만 했지요.

지금은 제초제가 농촌의 일손을 많이 덜어주고 있지만, 그때는 일꾼들의 손에 든 호미만이 잡초를 제거하는 유일한 수단이었지요.

햇볕이 장렬하게 내리쪼이는 여름날이 저는 싫었습니다. 뙤약볕을 머리에 이고 밭을 맨다는 것은 쉬운 일이 아니었습니다. 어머니는 밭을 매면서 훌륭한 성현들의 이야기를 들려주셨지만, 저에겐 즐거운 일이 아니었습니다. 심한 고통이었습니다.

어머니는 벌써 성큼성큼 저만큼 앞서가셨지만, 저는 느린

걸음으로 힘들게 뒤따라갔지요.

그럴 때마다 저는 같은 또래의 친구들이 부러웠습니다. 그들은 아버지가 계셨기 때문에 밭을 매지 않아도 되었기 때문이지요.

그날의 여름 해는 왜 그리 길었고, 밭이랑은 왜 그렇게 길었던지요. 한 번 왔다 가는 데도 한나절이 더 걸렸지요. 해가 빨리 서산으로 기울면 집에 돌아갈 수 있으련만, 뜨거운 태양은 제자리걸음만 할 뿐, 서산으로 기울지 않아 어린 가슴을 더 태웠지요.

밭 언덕에 있는 나무 그림자가 길어질 때면, 이따금 시원한 바람이 불어와 흐르던 땀을 멎게 해주는 저녁이 그렇게 좋았습니다. 어둠이 신작로에 깔릴 무렵에야 아픈 허리를 두들기며 일어설 수가 있었지요.

어머니.

어린 날, 맑은 공기를 마시며 아름다운 자연 속에서 보냈던 하루보다 오염된 공기를 마시며 소음 속에서 지내는 하루가 더 짧게 느껴지는 것은 무슨 까닭인지요?

어린 시절 그런 어려움 속에서 저는 인내를 배웠고, 힘든 일에 부딪히더라도 쉽게 좌절하지 않는 끈기를 익혔습니다.

어머니, 세월은 생활방식을 바꾸고 마음 또한 변하게 하는 것 같습니다. 이제 어머니도 손에 드셨던 호미를 놓으셨고, 저 또한 호미를 놓고 생활한 지 오래되었습니다.

어머니께서 땀 흘려 매시던 밭이랑 대신, 아름답던 어머니의 이마엔 주름만 가득하군요. 그 주름 속엔 흐르는 세월 속에 묻혀 버린 근심이란 잡초가 무성하게 자라 있군요. 어머니, 저는 어머니의 주름 속에 자란 근심이란 잡초를 뽑기 위해 오늘부터 놓았던 호미를 다시 잡으렵니다.

어머니, 이젠 얼굴을 활짝 펴시고 여생일랑 번뇌 없는 얼굴로 가꾸어 가시길 두 손 모아 빕니다.

(2004.『한국수필』 5·6월호)

다시 시작한 걸음마

방학이 시작되자 막내가 스케이트장엘 가자고 조른다. 그는 방학 중 할 일에 대해 발표할 때, 아빠하고 가끔 스케이트장에 가서 스케이트를 배울 계획이라고 말했다 한다. 하지만 나는 연수에 참여하느라 스케이트장에 갈 시간이 없었다. 이런 사정을 알 리 없는 막내는 가끔 스케이트장엘 가자고 졸라댔다.

연수가 끝난 후에도 스케이트장엔 가지 않고 다른 일을 하며 시간을 보냈다.

이제 개학할 날도 며칠 남지 않았다. 그동안 밀렸던 일을 하느라 다시 바쁜 날들을 보냈다. 며칠 전까지만 해도 스케이트장에 가자고 졸라대던 막내도 이젠 스케이트장에 가는 걸 포기했는지 더 조르지 않았다.

개학을 이틀 앞둔 어느 날, 아내가 "막내가 당신더러 스케이트장엘 가자고 조르더니 이젠 일기까지 거짓말로 썼다."며 나를 원망하는 투로 말을 한다. '아빠와 함께 스케이트장에 가서 스케이트를 탔다. 많이 넘어지기도 했지만, 재미가 있었다.'라고 적어 놓았단다. 며칠 전 막내가 "스케이트장엘 가면 무슨 일이 생기냐?"고 묻기에 무심코 대답해 준 말을 일기에 그대로 옮겨 쓴 것이다. 제 딴에는 스케이트장에 대해 잘 모르기 때문에 내게 물어봤던 모양이다.

아내의 말을 듣고 보니 내가 잘못했다는 생각이 들었다. '초등학교 1학년인 막내가 담임선생님한테 한 약속에 대해 얼마나 신경을 썼기에, 일기까지 거짓말로 써야 했을까?' 벌써 거짓말을 배우기 시작한다면, 앞으로 어떤 거짓말을 할지 모를 거라는 생각이 들었다.

해서 아이에게 거짓말을 가르치기보다, 직접 실천한 후 솔직하게 일기를 쓸 수 있도록 해주고 싶었다. 아들과 두 딸을 앞세우고 실내 스케이트장으로 갔다. 모두가 스케이트장은 처음이다. 아들과 딸들은 타기 쉬운 피겨 스케이트로 빌렸고, 나는 스케이트를 빌려 신었다.

조심스레 얼음판으로 들어서자마자 우리는 모두 다리를 휘청거리며 걸음마를 배우는 어린애가 되었다. 아빠와 아들, 딸들이 한 줄로 서서 스케이트장 벽을 잡고 뒤뚱거리며 걷는 연습을 시작했다. 조금밖에 걷지 않았는데 벌써 발목이 아프다. 하지만 언제까지 뒤뚱거리기만 할 수는 없었다. 어린아이가 처음 걸음마를 배우기 위해서는 다른 사람의 손을 잡거나 주변의 지지물들을 이용하게 된다. 그렇게 연습을 한 후 스스로 서기도 하고 한 발짝씩 걷기도 한다.

벽을 잡고 걷는 연습을 하다가 뭔가 믿는 구석이 있어 내가 먼저 벽에서 손을 떼었다. 처음엔 뒤뚱거렸으나 그런대로 몸의 균형을 잡을 수 있었다.

어렸을 적 경험이 도움이 된 것이다. 시골 아이들의 겨울은 마을 앞에 있는 논이 얼면서 시작되었다. 그때 초등학교 저학년 아이들은 대부분 썰매를 탔지만, 고학년부터는 통나무를 세로 방향으로 반쪽 갈라 밑에 굵은 철사를 대고 만든 발 스케이트를 탔다. 그걸 탈 때는 한쪽 발에만 스케이트가 묶여 있기 때문에 다른 한쪽 발은 스케이트가 묶인 다리 쪽으로 붙이고 탔다. 그걸 배울 때 무수히 넘어지면서 한쪽 다리로 서서 타는 방법을 배웠다. 그것에 숙달된 아이들은 지금의 스케이트처럼 양쪽 발에 스케이트를 묶고 타기도 하였다. 그때의 경험을 다시 살려 본 것이다.

처음 스케이트장에 들어섰을 땐 몸의 균형을 유지하기도 어려웠는데, 시간이 지나면서 점점 자신이 생겼다. 자전거 타는 방법을 배운 사람은 한동안 자전거를 타지 않아도 나중에 자전거를 탈 수 있는 것처럼, 한번 몸에 익혀둔 기능은 쉽게 잊히지 않았다. 어렸을 적에 탔던 스케이트와 모양은 달랐지만, 기본 원리가 같았기 때문에 탈 수 있었다.

양쪽 스케이트 날에 힘을 주어 속도를 내서 달리기도 하고, 폼 잡고 허리를 굽히며 코너도 천천히 돌 수 있었다. 아이들은 조금 전까지만 해도 함께 뒤뚱거리던 아빠가 갑자기 스케이트를 타자, 뱁새가 황새걸음을 흉내내듯 속도 모르고 벽에서 손을 뗐다가 엉덩방아만 찧었다.

막내는 자주 넘어지면서도 아픈 표정은커녕, 자신의 소망이 이루어졌음에 만족하는 듯 웃기만 했다. 자꾸 넘어지는 게 안쓰러워 막내의 손을 잡아 주었다. 그랬더니 넘어지는 횟수도 줄고 혼자서 걷는 것보다 훨씬 안심되는 모양이다. 그동안 얼마나 넘어졌는지 "스케이트 타는 것이 쉬운 줄 알았더니 무척 힘들구나."라고 말한 뒤, "스케이트 타는 것이 그냥 운동화를 신고 땅 위를 걷는 것처럼 하는 줄 알았다."고 한다.

막내가 일기에 썼던 것처럼 많이 넘어지고 다시 일어서면서 스케이트를 조금씩 타기 시작했다. 막내에게 "내일 스케이트를 타러 다시 오자.” 했더니 힘이 들었던지 “2학년 때나 다시 오자.”고 한다.

막내도 이제 스케이트장에서의 경험을 살려 좀더 실감나게 일기를 쓸 수 있을 것 같다. 어느덧 막내의 이마에서 김이 무럭무럭 피어오르고 있다. 두 딸도 많이 넘어진 탓에 다리를 절름거린다.

집으로 돌아가는 길엔 펭귄 가족의 걸음마가 지나는 사람들의 시선을 끌었다.

(1999.『에세이문학』 가을호)

청출어람(靑出於藍)

어머니 얼굴은 해가 바뀔수록 거칠어만 갔다. 나이가 들어 그런 줄 알았는데 다른 분들은 그렇지 않아 마음이 시려 온다.

친구로부터 선물을 받은 적이 있다. 화장품이다. 고마움을 피부로 느끼기 위해 매일 발랐다. 하나 화장 방법이 서툰 탓인지 스킨은 많이 남았는데 로션이 얼마 남지 않았다.

나에겐 열 살과 일곱 살 되는 딸이 둘 있다. 얼마 전부터 그들이 백화점엘 가자고 졸라댔다. 오늘내일 미루다가 미루는 것도 한도가 있는 것 같아 가기로 하였다. 목적도 없이 애들의 요구에 따라갔기 때문에 그들이 좋아하는 곳을 몇 군데 다녔다. 나는 앞장을 서고 애들은 뒤 따라다녔다. 과자 가게 앞에서였다. 애들을 주려고 과자를 몇 가지 산 후 뒤를 돌아봤으나 애들이 없다. 정신이 바짝 든다. 온 길을 되짚어 가 봐도 보이지 않고, 먼 곳에서 가까운 곳으로 둘러봐도 보이질 않는다.

한동안 찾아 헤맸다. 마지막으로 과자를 샀던 곳으로 가보니 그곳에 애들이 있었다. 각자 손에는 뭔가를 들고 당황한 표정으로 두리번거리면서 있는 게 아닌가. 이윽고 나를 발견하자 애들은 울면서 달려든다.

아빠의 생일 선물로 큰애는 로션을, 작은애는 원고지를 샀던 것이다.

청출어람(靑出於藍), 쪽에서 나온 물감이 쪽보다 더 푸르다는 말이다. 나는 어머니가 늙어갈수록 지방이 적어져 피부가 거칠어진다는 걸 깨닫지 못하고 나이 탓으로만 돌렸다. 어머니한테 화장품 하나 사 드리지 못한 것이다.

애들이 내 얼굴을 붉게 한다. 그들은 내게 부모에 대한 효를 거꾸로 가르쳐 준 셈이다.

연어도 어미로 자라면 회귀 본능에 의해 모천(母川)을 찾는데, 난 지금 무얼 하고 있는가.

주말엔 고향에 좀 다녀와야겠다. 돌아가신 아버지를 위해선 예초기를, 어머니께는 유지방이 풍부한 화장품을 사 들고.

(1992.『중도일보』「중도춘추」)

돌팔이 인생

"의사 좀 불러와!"라고 외치는 작은아버지의 목소리가 애처롭게 들린다. 그 소리는 아픔을 참지 못해 지르는 피맺힌 절규였다. 하지만 의사를 불러올 사정이 아니었다. 의사를 불러와도 진통제로 고통만 잠시 멈추게 해 줄 뿐 다른 처방은 없었다. 결과는 매 마찬가지였다. 목소리가 점점 커졌다. 이젠 고통을 참지 못해 방 벽까지 발로 차는 소리가 들린다. 그래도 어떻게 해 볼 도리가 없다. 우리 가족은 작은아버지와 고통을 함께하지 못하는 죄책감에서 그 소리를 온몸으로 들어야만 했다.

어렸던 나는 작은아버지의 목소리가 커질수록 겁이 났다. 그 소리가 무서워 소리가 들리지 않는 곳으로 갔지만, 결국엔 동네 어귀에 있는 의사의 집으로 갔다.

의사는 밤색 가죽가방에 청진기와 간단한 의료도구 등을 급히 챙겨 넣고 나를 따라 왔다. 그는 가방에서 아이의 새끼손가락만 한 유리병(앰풀) 하나를 꺼냈다. 그 유리병은 머리 부분이 길고 목이 잘록해 만지면 곧 깨질 것 같았다. 얇고 투명한 유리병 속엔 연한 커피색 액체가 들어 있었다.

의사는 한 손으로 유리병의 머리를 잡고 다른 한 손으론 몸체를 잡은 후, 잘록한 목 부분을 부러뜨렸다. 커피 색깔의 액체가 주사기에 빨려들어 갔다.

작은아버지는 그 주사만 맞으면 언제 그랬냐는 듯 평온한 모습을 되찾았다. 그게 무슨 주사였는지는 모르나 그 주사만 맞으면 시끄러웠던 집안이 조용해졌다. 참으로 신기한 주사였다.

작은아버지는 오래전부터 위장병을 앓고 계셨다. 그 당시의 의술로서는 치료할 수 없었는지 큰 도시에 있는 유명한 병원에 가 진료도 받았지만, 치료하지 못하고 집으로 돌아와 그렇게 하루하루를 보내고 있었다.

의사는 하루가 멀다 않고 우리집에 왔다. 의사를 불러서는 안 된다는 가족 간의 약속은 있었지만, '의사를 불러오라'는 청천벽력 같은 소리에 견뎌낼 사람은 가족 중 아무도 없었다.

그러던 어느 가을날, 날카롭던 목소리가 신음으로 바뀌고

긴 한숨 속에 모든 고통을 날려 보낸 뒤, 작은아버지는 세상을 떠나셨다.

이젠 우리집에서 의사를 불러올 일이 없었다. 하지만 그는 누가 불렀는지 왕진 가방을 들고 어디론가 황급히 달려가고 있다.

우리 동네에선 그를 의사라고 불렀다. 그는 전문적인 의료 수업을 마친 전문의가 아니라, 군에서 의무병으로 근무하며 어깨너머로 간단한 응급처치와 주사 놓는 것을 배운 사람이었다. 하지만 병원이 없던 시골에선 그가 종합병원의 전문의 못지않게 의사 역할을 다 했다. 그래 사람들은 그에게 돌팔이란 말을 생략하고 그냥 의사라고 불렀다.

돌팔이란 변변한 기술이나 자격이 없이 전문직에 종사하는 사람을 말한다.

그렇게 보면 내 생활도 그 의사와 같다는 생각이 든다.

고등학교 때는 하라는 공부는 하지 않고 대중가요를 좋아해 노래자랑이나 쫓아다니다 대학 입시에 실패한 적도 있었다. 또한, 대학 시절엔 4년 동안 기계공학을 전공해 놓고 공업고등학교 교사로 근무하면서 전공인 기계 계통의 교과보다는, 주로 금속공학에 해당하는 용접이나 배관만 가르쳤다. 어쩌다가 기계과 교과를 맡아 가르칠 때면 타향에서 머물다 고향으로 돌아온 나그네처럼 낯선 과목을 가르치는 기분이 들었다.

그렇게 25년을 공업고등학교에서 근무하다 교감으로 승진하여 다른 학교로 갔다. 새로 간 학교에서도 전공과 관련이 있는 공업고등학교가 아닌 중학교였다. 중학교에서 1년을 근무하다 교육청으로 가서 장학사로 근무할 때도, 공업학교와 관련이 있는 정보과학기술과가 아닌 중등교육과에서 근무를 했다.

올해 봄에 교육청에서 다시 교감으로 발령을 받은 곳도 공업고등학교가 아닌 중학교였다. 이제 나는 전공인 공업고등학교와는 거리가 먼 다른 길을 가고 있다. 게다가 공업 계통의 기계를 전공한 사람이 이제 문과 계통인 수필에까지 관심을 갖고 있다. 이렇게 되면 내 인생도 그 의사와 마찬가지로 전공이 아닌 돌팔이 인생이 아니겠는가.

(2004.『에세이문학』 겨울호)

꿈속의 먼 이야기

아무 음식이나 맛있게 잘 먹지 않는다. 가리는 음식도 여러 가지가 있다.

국어사전에서 '식도락'의 풀이를 보면, '여러 가지 음식을 두루 맛보는 것을 즐거움으로 삼는 일.'이라 되어 있다. 이 뜻의 풀이대로라면 나는 분명 식도락가는 아니다.

공자도 식성이 까다로웠다고 한다. 그는 술도 손수 담근 것만 마셨고, 나쁜 냄새가 나거나 빛깔이 안 좋은 음식은 먹지 않았다고 한다.

음식을 잘 먹지 않아 식단을 준비하는 아내가 신경을 많이 쓴다.

김치는 맛이 들어야 영양가도 높다지만, 맛 들기 시작

하면 먹지 않는다. 오직 싱싱한 겉절이만 먹는다. 남들은 신경성이라 하지만 밥도 되면 먹질 않는다. 그걸 먹으면 소화가 되지 않기 때문이다. 하지만 된장찌개만은 가리지 않고 잘 먹는다.

한때는 쇠고기도 먹지 않았다.

20여 년 전 직장 동료와 함께 예산에 있는 대흥 저수지로 낚시를 하러 간 적이 있었다. 낚시터 주인의 안내로 물 가운데 있는 좌대로 갔다. 낚시엔 별 흥미가 없었지만, 심심찮게 잡히는 붕어를 낚으며 반나절을 보냈다. 저녁은 뭍으로 나와 불고기를 먹었다. 다시 배를 타고 좌대로 가 밤낚시를 시작했다. 꾸준하게 무는 붕어를 벗삼아 긴 밤을 지냈다. 하지만 새벽이 되면서 소름이 끼치고, 검푸른 물만 바라보고 있으니 어지럽기도 했다. 추워서 뭍으로 나오고 싶었지만, 배가 없어 좌대에 앉아 꼬박 밤을 지새운 것이다.

본래 소화 기능이 약한 데다 좁은 좌대에 앉아 움직이지 않고 밤을 새운 것이 탈이었다.

그 뒤로 계속 소화가 되지 않았다. 약국에 가서 소화제를 사 먹고 병원도 가 보았지만 낫지 않았다. 식사 직후에는 괜찮았지만, 소화가 다 될 무렵이면 속이 쓰리고 아팠다. 끼니마다 소화제를 먹어도 호전되지 않았다. 갈수록 증세가 심해 큰 통증을 느꼈고, 증세가 심할 때는 등에서 땀까지 났다. 항상 위 속에 뭔가 붙어 있다는 느낌이 들었다. 그렇게 6개월을 고생하였다.

내 상식으로는 음식을 먹고 하루나 이틀이 지나면 소화가 되는 것으로 알았다. 한데, 왜 이런 걸까? 지금까지 갖고 있던 상식에서 벗어나 이제 민간요법에도 관심을 두게 되었다.

고향에 소화불량 환자를 잘 다스린다는 사람이 있어, 그 사람을 찾아가 보기로 하였다. 사십 대 중반의 여자였다. 그녀는 나를 앉혀 놓고 입을 벌리라 하였다. 그리고는 손으로 배를 몇 바퀴 돌리며 쓰다듬더니, 위가 있는 부분에 와선 쓸어 올렸다. 그런 동작을 여러 번 계속하자 구역질이 났다.

그녀는 배 속에 든 음식을 식도를 통해 거꾸로 나오도록 유도하는 것 같았다. 횟수를 거듭할수록 구역질이 더 심해지면서 구토할 것 같은 증세가 생겼다. 이때 그녀가 재빠르게 입 속에 손가락을 집어넣더니 무언가를 빼냈다. 온 방 안에 역겨운 냄새를 풍기면서 짙은 갈색의 물체가 나왔다. 이미 삭을 대로 다 삭아 버린 흐물흐물한 물체였다. 그 물체가 빠져나오는 순간 배 속이 그렇게 시원할 수가 없었다. 조금 전까지만 해도 고통을 줬던 아픈 증상이 거짓말처럼 싹 사라졌다.

'자라 보고 놀란 가슴 솥뚜껑 보고 놀란다.' 했던가. 그 후로

부터는 쇠고기를 입에 대지도 않았다.

까다로운 식성도 세월이 흐르면서 조금씩 변해 가는 것 같다. 한동안 먹지 않았던 쇠고기는 물론, 비린내 나는 생선도 이젠 잘 먹는다.

많은 음식을 즐겨 먹지는 못하지만, 좋아하는 음식도 몇 가지 있다. 시내에서는 주로 우거지탕과 생선회, 그리고 반찬이 골고루 나오는 돌솥밥 등을 즐기고, 계절의 변화를 느끼고 싶어 시외로 나갈 때는 송어회나 훈제오리 등을 찾는다.

그중 맛이 독특해 잊을라치면 찾아가는 송어 횟집이 있다. 그 집엘 가면, '뚝배기보다 장맛'이라는 속담이 절로 실감난다. 그녀의 몸매는 뚱뚱하다 못해 턱 밑 살이 축 늘어졌지만, 그녀가 만든 송어회 맛은 그만이기 때문이다.

그녀는 송어회를 주방에서 차려오지 않는다. 음식 재료를 담은 큰 그릇을 들고 와서, 손님들과 이야기하며 무쳐준다. 아무리 손님이 많아도 회를 무쳐주는 일은 그녀가 손수 했다. 통통한 손끝에서 그 맛이 우러나는지, 아니면 그녀가 개발한 양념에 비법이 있는지 아무튼 그 맛은 일품이다.

정성스레 차려주는 음식을 잘 먹지 않아 아내에게 항상 미안한 마음이 든다. 하지만 아직도 입에 대지 않는 음식이 있으니, 그것은 칼국수와 보신탕 그리고 젓갈류 등이다.

이러한 처지에 나에게 식도락가란 호칭은, 꿈속의 먼 이야기가 아니던가?

(2001. 『수필문학』 9월호)

자주색 만년필

책상 서랍을 열면 항상 미안한 생각이 든다. 20여 년 전 친구로부터 받은 자주색 만년필 때문이다.

한때는 만년필의 인기가 좋았다. 60, 70년대까지만 해도 대부분 중·고등학교 학생들은 펜으로 글씨를 썼다. 초등학교 때에는 모든 과목을 연필로 필기했지만, 중학교 때부터는 수학을 제외한 다른 과목은 모두 펜으로 썼다. 가끔 볼 끝에서 찌꺼기가 나와 글씨가 지저분해지는 볼펜을 쓰는 학생도 있었지만, 자신의 글씨체가 완성되지 않은 학생들은 주로 잉크를 찍어 쓰는 펜을 사용했다. 어쩌다 볼펜을 쓰다가 선생님께 발각이라도 되는 날이면, 그 학생은 꾸중을 들어야 했다.

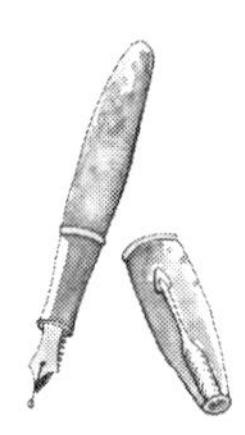

중학교에 갓 입학한 학생들이 펜으로 글씨를 쓴다는 것은 여간 불편한 일이 아니었다. 연필보다 글씨도 잘 써지지 않았다. 게다가 노트에 잉크 방울이라도 떨어지면 마음이 상했고, 가방 속에 있는 잉크병에서 잉크가 샐 경우 노트는 물론 책까지 묻었다. 만약, 그 잉크가 흰색 하복 상의에까지 묻는 날이면 커다란 낭패가 아닐 수 없었다. 따라서 학생들은 잉크병을 신줏단지 모시듯 조심스레 갖고 다녀야 했다. 이러한 불편을 덜기 위해 일부 학생들은 잉크병에 스펀지를 넣어 잉크가 흘러나오는 것을 방지하기도 하였다. 아무튼, 펜으로 글씨를 쓴다는 것은 불편한 점이 한둘이 아니었다.

그런 시절, 잉크를 한번 넣으면 잊힐 때쯤 해서 다시 넣게 되는 필기구가 바로 만년필이었다. 그 시절 신사들은 만년필 하나쯤 갖고 다녀야 지식인처럼 보였고, 멋으로 양복의 위 호주머니에 꽂고 다니는 것이 유행이었다. 그래서 만년필이 없는 남자들은 모양으로 만년필 뚜껑이라도 호주머니에 꽂고 다녔다.

만년필은 학생들은 물론 사무직에 종사하는 사람들까지 그걸 하나 갖기를 원했다.

옛것은 새로운 것에 밀리기 마련이다. 그렇게 인기가

좋았던 만년필도 어쩔 수 없이 값이 싸고 쓰기 편리한 볼펜에 밀리기 시작하였다. 무겁고 잃어버리면 서운했던 만년필에 비해 볼펜은 잃어버려도 부담이 없고, 언제 어디서나 쉽게 쓸 수 있어 많은 사람에게 인기가 있었다. 한동안 볼펜의 전성시대가 지속하는가 싶더니 이젠 볼펜보다 더 편리한 필기구가 나왔다. 그게 바로 플러스펜과 사인펜이다. 이런 처지에 만년필이 어떻게 행세를 할 수 있겠는가? 하는 수 없이 필기구의 귀족 만년필은, 볼펜이나 다른 필기구 등에 정상의 자리를 넘겨줘야 했다.

그래도 격식 있는 사람들은 글씨를 쓸 때 볼펜을 사용하면 결례라 하여 만년필을 고집하는 사람도 있었다. 하지만 그것도 잠시일 뿐, 쓰기 쉽고 펜으로 쓴 것과 같은 세라믹 펜이 나왔고, 컴퓨터가 글 쓰는 일을 대신하고부터는 만년필의 사용이 급격히 줄었다.

어느 날, 책상 서랍을 정리하다 그동안 잊고 지냈던 자주색 만년필을 발견하였다. 자주 사용하지 않아 낯선 물건처럼 보였다. 꺼내서 만져 봤지만, 선뜻 그것을 사용하고 싶다는 생각은 들지 않았다. 그동안 편리함에 익숙해진 생활습관 탓이다. 만년필을 만져 보며 선물한 친구를 생각해 보았다.

그가 내게 만년필을 선물할 때는 책상 서랍에만 넣어 두라고 준 것이 아닐 것이다. 글을 쓸 때 만년필로 써 달라는 뜻일 것이다. 이렇게 생각하니 친구에게 미안한 생각이 들었다.

친구로부터 만년필을 선물로 받은 지 20여 년. 그때는 이미 사용하던 만년필이 있어, 나중에 사용하려고 잘 간직하고 있었다.

그동안 세월이 흘렀다. 세월이 흐르는 동안 편리한 필기구들이 많이 나와 만년필을 쓰는 사람이 드물어졌다. 현재 사용하고 있는 필기구에 비해 간수하기도 불편하고, 글 쓰는 속도까지 느렸기 때문이다. 예쁜 처녀가 좋은 신랑감을 고르려다 혼기를 놓쳐버리듯, 세월은 만년필을 사용할 기회를 주지 않았다. 소중히 보관만 하고 있었다.

큰마음을 먹고 만년필을 사용해 보기로 하였다. 하지만 잉크가 없다. 잉크를 사기 위해 대형 마트의 문구 판매대로 갔으나 잉크가 눈에 띄지 않는다. 아무리 두리번거려도 보이질 않는다. 하는 수 없이 매장 직원에게 물어봤더니 잉크가 없다고 한다. 그도 그럴 것이 이곳이 문구점이나 백화점도 아닌데, 소비자가 잘 찾지도 않는 물건을 진열해 놓고 팔 리가 없다.

문구 전문점으로 갔다. 그곳의 구석진 자리에서 잉크를 발견할 수 있었다. 색깔은 하늘색으로 골랐다. 대부분의 글씨가 검정색이라 보다 선명하게 보이는 하늘색을 선택한 것이다. 그렇게 해서라도 친구의 마음을 돋보여 주고 싶었다.

친구가 선물한 자주색 만년필을 다시 본다. 자주색은 고귀한 신분이나 귀족을 상징한다. 하지만 나는 고귀한 신분이나 귀족이 아니다. 친구가 자주 색깔의 만년필을 선물로 준 것은 좋은 글을 써 보라는 의미일 것이다. 친구의 생각처럼 좋은 글을 써야 할 텐데 걱정이 된다.

(2008. 『한국수필』 6월호)

감꽃이 필 때면

주말이라 TV로 프로야구를 본다.

야구를 볼 때면 관중석이 썰렁하게 비어있는 것보다 꽉 메워 있으면 보는 사람도 신이 난다.

야구장에는 야구를 좋아해서 찾는 사람이 있고, 가족과 함께 나들이를 겸해서 오는 사람도 있으며, 좋아하는 팀을 따라 타지방까지 원정을 가 응원하는 열성 팬들도 있다.

지금도 그렇지만, 30년 전 프로야구가 처음 시작되었을 때만 해도 관중석은 홈팀과 원정팀으로 구분이 명확했다. 관람객들은 각자 관중석에서 자신이 좋아하는 팀을 위해 열심히 응원했다. 하지만 자기가 좋아하는 팀에 대한 열정이 너무 지나쳐 선수가 실수하거나 팀이 지기라도 하면, 경기장 안에 병이나 캔 등을 던져 눈살을 찌푸리게 하는 경우도 있었고, 상대팀을 응원하는 관중과 시비가 붙어 결국 패싸움으로까지 이어지기도 하였다.

또한 홈팀 관중석에서 원정팀을 응원하거나 원정팀 관중석에서 홈팀을 응원했다가는, 야유를 받거나 시비의 빌미가 되기 때문에 조용히 앉아서 구경만 해야 했다.

지금도 관중석이 홈팀과 원정팀으로 구분이 되어 있지만, 초창기처럼 불미스러운 일은 잘 일어나지 않는다. 그래 눈치를 보지 않고 마음 편하게 경기를 관람할 수 있어 좋다.

사람에 따라 자신이 좋아하는 팀도 있겠지만 상대팀이 좋은 경기를 할 때면 아낌없는 박수와 성원을 보내는 여유까지 생겼다. 이제 어느 팀의 팬이란 의미를 떠나 경기 내용에 따라 선수들이 잘하면 환호를 하고, 잘못할 때에도 야유보다는 격려의 박수를 보내는 성숙한 관람문화로 변해 가고 있다.

야구를 보면 가끔 홈런 볼이나 파울 볼이 관중석으로 떨어질 때가 있다. 이때 사람들은 그 공을 서로 잡으려고 야단이다. 하지만 공은 배트에 맞고 반듯하게 날아올 때도 있지만 떨어진 후에도 멈추지 않고 계속해서 요술을 부린다. 아닌 밤중에 홍두깨라 할까. 아무 생각 없이 앉아 있다가 공에 얻어

맞는 사람, 간신히 공을 잡았다가 놓치는 사람, 굴러가는 공을 잡으려고 쫓아가는 사람, 자기 앞으로 굴러온 공을 별다른 노력 없이 쉽게 줍는 사람 등, 다양한 모습을 볼 수가 있다.

이렇게 관중석으로 떨어진 공을 잡으려는 사람들의 모습을 보며 문득 어렸을 때 감꽃을 줍던 일들이 생각났다.

먹거리가 흔하지 않았던 시절, 아이들은 산과 들로 떼 지어 다니며 먹거리를 구해 먹은 적이 있다. 허기진 배를 채우기 위해 먹는 경우도 있었지만, 재미 삼아 먹기도 하였다. 그런 먹거리 중에는 감꽃이나, 부드러운 찔레순, 삘기, 도라지 등이 있었다.

감꽃이 필 때면 나는 꼭두새벽부터 잠을 설쳐야 했다. 감꽃을 줍기 위해 어머니께 새벽 일찍 깨워 달라는 부탁을 하고 잠을 잤다. 이튿날 새벽 어머니의 잠 깨우는 소리에 졸린 눈을 비비며 일어났다. 밖은 아직도 날이 새지 않아 캄캄했다. 하지만 늦게 가면 먼저 온 친구들에게 자리를 빼앗길까 봐 세수도 하지 않고, 정신이 몽롱한 상태로 캄캄한 고샅길을 걸어 감나무 밑으로 갔다.

제일 먼저 온 사람은 간밤에 감나무 밑에 떨어진 감꽃들이 모두 자기 것이 되지만, 아이들이 하나둘씩 모이기 시작하면서부터 감나무 밑에 구역을 표시해 놓고, 그 안에 떨어지는 감꽃만 자기 것이 되었다. 그래 늦게 도착하면 자리가 없거나 감꽃이 별로 떨어지지 않는, 감나무 밑에서 가장 먼 자리를 차지할 수밖에 없었다.

그래 아이들은 서로 감꽃이 많이 떨어지는 자리를 차지하기 위해 새벽부터 치열한 경쟁을 벌였다.

우리가 찾아가는 감나무는 주인집 울타리 안에 있었다. 하지만 몇 줄기 가지가 울타리 밖으로 뻗쳐 나와 있어 그 가지에서 떨어지는 감꽃을 줍기 위해 아이들은 꼭두새벽부터 잠을 설쳐야 했다.

부지런한 아이들은 벌써 와 자리를 잡고 앉아 목을 길게 빼고 감나무를 올려다보며 감꽃이 떨어지기만 기다렸다. 한동안 고개를 들고 감나무를 올려다보고 있으면 고개도 아팠다.

크고 넓게 생긴 감꽃은 떫어서 맛이 없지만, 우리가 줍는 감꽃은 작은 항아리 모양을 한 것으로 떫은맛이 적고 단맛이 있었다. 그래 다른 감나무 밑에는 아이들이 모이지 않았지만, 유독 고샅길 그 감나무 밑에만 아이들이 모였다.

감꽃을 줍다 보면 어느새 날이 새고 사람들의 통행이 잦아지면서 감나무 밑에 모였던 아이들도 하나둘 집으로 돌아갔다. 낮에는 감나무 밑에도 아이들이 없었다. 오직 새벽에만 아이들이 모였고 서로 일찍 와서 밤새 떨어진 감꽃을 줍기 위해 경쟁을 벌였다.

그렇게 해서 주운 감꽃은 먹기도 했지만, 그 양이 많으면 실에 꿰어 목걸이를 만들어 걸고 다녔다.

감나무에서 떨어지는 감꽃도 바람이 불면 요술을 부리듯 떨어지는 방향도 바뀌었다. 감꽃이 바람에 날리면서 떨어지는 모양을 지켜보던 아이들은 서로 자기가 정해 놓은 영역으로 감꽃이 떨어지길 바랐다. 만약 감꽃이 자신이 정해 놓은 영역의 경계에 떨어지기라도 하면 서로 자기 것이라 우기며 싸우기도 했다.

그렇게 감꽃이 떨어지기만 애타게 기다리던 아이들도, '이젠 세월이 흘러 모두 감나무 밑을 떠났구나.' 하는 생각을 하는데, 갑자기 아나운서와 해설자의 흥분된 목소리가 들린다. 이어서 관중석에서 환호성이 터져 나왔다. 어느 선수가 홈런을 친 모양이다. 관중석으로 떨어진 공을 서로 주우려고 많은 사람이 우르르 몰려든다.

마치 감나무 밑에서 바람에 날리는 감꽃을 주우려는 아이들처럼.

(2012. 『한국수필』 6월호)

3부

짧은 생애 긴 여운

내리사랑

"하룻밤만 더 자고 가면 안 되느냐?"고 하시던 어머니의 말씀이 자꾸 귀에 걸린다.

물은 위에서 아래로 흐른다. 경사를 따라 흐르지만, 장애물이 있으면 그것을 거스르지 않고 자연스레 돌아 아래로 흐른다.

부모가 자식에게 베푸는 사랑도 물의 흐름처럼 위에서 아래로 이어지는 것 같다. 부모는 자식을 헌신적으로 사랑한다. 자식을 위한 일이라면 모든 것을 다 주어도 아까워하지 않는 그런 사랑을 한다.

초등학교 시절 어머니 곁을 떠나 학교에 다닌 적이 있었다. 어린 마음에 어머니가 보고 싶어 토요일만 손꼽아 기다렸다. 어머니를 찾아갈 때는 그리운 마음에 한달음에 달려갔지만, 떠나 올 때는 헤어지는 아픔이 항상 내 발목을 잡았다. 일요일은 시간도 참 빨리 갔다. 잠시인 듯했지만, 어느새 추녀의 그림자가 마당 끝에 가 있다. 한시라도 더 어머니 곁에 머물고 싶은 마음에 월요일 새벽에 떠나오곤 하였다.

학교에 가려면 금강을 건너야 했다. 나루터까지 배웅 나와 배를 타고 떠나는 어린 아들의 모습을 안타까이 바라보시던 어머니. 어머니는 내 모습이 보이지 않을 때까지 돌아가지 않고 그 자리에 서 계셨다.

나는 어머니 곁을 떠나기가 싫었다. 떠나기 싫은 마음이 커질라치면 학교 가는 것도 싫었다. 왜 그렇게 마음이 아팠던지…. 지금 생각해 보면 아버지가 계시지 않았기 때문에 더 그랬던 것 같다. 어린 나는 어머니와 헤어지는 것은 슬픈 일이었다.

그때는 어머니의 마음을 잘 몰랐다. 내 가슴만 시렸지 어머니의 가슴은 더 아프다는 것을 몰랐다.

큰 아이가 자라 대학에 다니기 위해 집을 떠났다.

객지에 가 생활할 수 있도록 준비를 다 해줬건만, 모든 게 서툴고 어줍어 잘 지낼지 걱정이다. 아이가 떠난 뒤 빈 가슴을 달래기 위해 그 애의 방에 들어가 쓰던 책과 물건들을 만져본다. 이것이 자식을 생각하는 부모의 마음일까?

일전에 여름휴가를 얻어 고향에 계신 어머니를 찾아가 뵈었다. 집 안에만 있기가 답답해, 바람도 쐴 겸 해서 어머니를 모시고 집 근처에 있는 궁남지를 찾았다. 서동 왕자의 전설을 안고 있는 궁남지. 그곳에서 연꽃 구경을 하고 주변을 한 바퀴 돌아 본 뒤 돌아왔다. 어머니는 평소 궁남지에 가 연꽃을 보고 싶었으나, 다리가 아파서 가 보지 못하고 망설이던 터에 이번에 그곳을 다녀오신 것이다. 어머니는 "참 좋다." 하시며 흐뭇해 하셨다. 어머니가 좋아하시는 모습을 보니 나도 덩달아 좋았다.

이제 어머니 곁을 떠나야 할 시간이다. 벌써 어머니 얼굴엔 서운한 기색이 역력하시다. 초등학교 시절 어머니 곁을 떠날 때 내가 느꼈던 서운한 마음보다 더 서운해 하신다.

사랑은 내리사랑이라더니 섭섭한 마음도 자식보다 어머니의 마음이 더 크다는 걸 알았다.

어머니와 헤어져 돌아오는 길 내내 서운해 하시는 어머니의 모습이 눈에 밟혀 가슴이 아프다.

(2004. 교음사 『수필작가 114인의 단수필집』)

짧은 생애 긴 여운

한 마리만 잡으면 점심 한 끼쯤은 굶어도 배가 고픈 줄 몰랐다. 어린 시절 잠자리는 잡기 쉬웠지만, 매미는 잘 잡히지 않았다. 잠자리가 눈에 잘 띄는 낮은 곳에 앉아 있을 때, 매미는 높은 나무에 숨어 있었다. 하지만 노랫소리는 가까이서 들을 수 있었다.

아침 일찍부터 매미가 노래를 한다. 어제 못다 한 노래가 있어 오늘 다시 부르는가. 그 노랫소리를 들으면 찌는 듯한 무더위도 잠시 잊을 수가 있다.

매미는 땅속에서부터 도인(道人)의 기질을 타고 태어나는가 보다. 도인이 여러 해 동안 깊은 산속에서 수도(修道)를 하고 세상에 나오듯, 매미도 긴 세월을 땅속에서 머물다 나온다.

또한, 매미는 고결한 선비의 기질을 갖고 태어난 것 같다. 깔끔한 옷을 즐겨 입고 허튼 곳에는 앉지 않으며, 고대광실 높은 집에서만 앉아 있다.

매미는 이슬만 먹고살기 때문에 취(醉)해서 노래도 잘한다. 참이슬*에 취한 술꾼들이 부른 노래를 계속 부르듯, 매미도 같은 노래만 반복해서 부른다.

옛사람들은 매미가 군자의 오덕(五德)을 갖추었다 하여, 군자지도(君子之道)의 상징이라 하였다.

그 이유는 '머리에 갓끈이 있으니 문(文)이요, 이슬을 먹고 사니 청(淸)이며, 곡식을 먹지 않는 것은 염(廉)이고, 집을 짓지 않고 사는 것이 검(儉)이며, 계절을 지키는 것을 신(信)이라.' 하였다.

군자의 오덕까지 갖춘 매미지만 그의 생애는 너무 짧다. 하지만 생명이 다하는 날까지 즐거운 노래만 부를 뿐, 결코 슬픈 노래는 부르지 않는다.

비록 짧은 생애일지라도 긴 여운을 남기는 맑고 기품 있는 노래를 다시 들어보고 싶다.

***참이슬** : 이슬이란 뜻으로 ○○주조에서 나온 소주 이름을 말하나, 여기서는 일반적인 술을 일컫는 말로 사용하였다.

(2001. 『수필과 비평』 9·10월호)

성삼문 선생 묘소와 쌍계사

계절의 정취를 느끼기 위해 길을 나섰다.

대전에서 연산을 거쳐 양촌 방향으로 간다. 꽃 창살 무늬가 아름다운 쌍계사로 가기 위해서다. 가는 길에 성삼문 선생의 묘소가 있다. 선생의 묘소가 왜 여기에 있을까?

1453년, 계유정난으로 수양대군은 단종을 모시던 황보인, 김종서 등을 처형하고 왕위에 오른다. 이듬해 성삼문, 박팽년 등이 단종의 복위를 계획하던 중, 김질의 배신으로 실패를 한다. 이에 수양대군은 단종의 복위에 가담했던 성삼문, 박팽년 등 사육신과 많은 충신을 처형한다. 이때 성삼문 선생은 극형인 거열형(車裂刑)을 받는다.

거열형이란 목, 팔, 다리를 각각 다섯 대의 수레에 매달고 말을 달리게 하여, 몸을 찢어 죽이는 가혹한 형벌이다. 수양대군은 형을 집행한 후, 선생의 찢긴 시신을 전국 팔도로 돌리며 반역죄의 엄중함을 백성들에게 보여주도록 하였다.

이때 선생의 시신 중 한 부분(다리)을 지게에 지고 가던 사람이 논산 가야곡에 있는 통박산 고개를 오르며, "날씨도 더운데 무거워서 힘만 든다."고 불평을 했다. 그때 등 뒤에서 "그러면 아무 데나 버리고 가거라." 하는 소리가 들리자, 그는 혼비백산하여 시신을 버리고 도망쳐 버렸다. 그 뒤, 인근에 있는 사람들이 선생의 시신 한 부분을 수습하여 현재의 자리에 장례를 모셨다고 한다.

선생의 묘소로 가는 길에는 코스모스가 웃으며 길손을 반긴다. 너른 주차장 옆에 선생께 제례를 올리는 성인각(成仁閣)이 있고, 산언덕에는 하마비(下馬碑)와 신도비(神道碑)가 있다. 선생의 묘소는 그곳에서 100여 m 떨어진 곳에 있었다.

선생께 참배를 하고 묘역을 둘러보았다. 바위옷을 곱게 입은 묘비에는 '매죽당 성 선생 지묘(梅竹堂成先生之墓)'라 새겨져 있고, 묘의 양옆엔 근래에 세운 듯한 문인석이 선생의 묘를 지키고 있었다.

선생의 묘를 보며 선생이 형장으로 끌려가면서 남겼던 절명

시(絶命詩)를 떠올려 보았다.

북소리 둥둥 울려 사람 목숨을 재촉하는데/ 고개 돌려 바라보니 해는 서산에 기우는구나./ 황천길에는 주막도 하나 없다던데/ 오늘 밤은 뉘 집에서 자고 갈거나.

마지막 가는 길을 두려워 않고, 담담하게 자신의 심경을 숨김없이 표현한 시라 하겠다.

선생의 묘는 세 곳에 모셔져 있다. 김시습, 남효온 등이 선생의 시신 일부를 수습해 묻은 노량진의 사육신 묘역. 선생이 태어난 곳에 위패를 묻은 홍성의 노은단. 그리고 선생의 시신 한 부분이 묻혀 있는 이곳 양촌리 묘다.

'불의를 위해 목숨을 버리고 지조를 지켰던, 만고 충신은 시신마저도 온전하게 보전하지 못했구나.' 하는 생각에 마음이 서글펐다.

선생의 묘소에서 내려와 3.7km 거리에 있는 양촌면 중산리에 있는 쌍계사로 간다. 가는 길에는 곶감의 주산지답게 산과 들에 감나무 천지다. 감나무는 천수보살(千手菩薩)이 펼친 손보다 더 많은 가지에 붉은 감을 주렁주렁 매달고 있다.

절 입구에 있는 저수지는 그림을 잘 그리는 화가다. 잔잔한 수면 위에 주변의 모든 풍광을 가득 담고 있다. 맨 아래에 파란 하늘과 구름을 그리고, 그 위에다 불명산을 그린 후, 맨 위에는 나무들을 그렸다. 저수지 수면 위에 그린 그림은 아름다운 한 폭의 풍경화였다. 이렇게 익어가는 가을 풍경을 보면서 쌍계사에 도착했다.

이곳은 여느 사찰에서 흔히 볼 수 있는 일주문과 천왕문이 없다. 대신 쌍계사라 새겨진 편액을 물고 있는 봉황루가 있다. 봉황루를 지나면 너른 절 마당과 대웅전이 있다. 절 마당 한가운데에 우뚝 서 있을 법한 석탑도 이곳에는 없다. 너른 잔디밭뿐이다.

쌍계사는 고려 초기 혜명(慧明) 대사가 창건했다고 한다. 그 후 몇 차례의 화재로 인해 중건되었고, 1739년(영조 15년)에 보물 제408호인 대웅전을 비롯해 여러 전각을 중건했다고 한다.

대웅전은 정면 5칸, 측면 3칸의 팔작지붕으로 되어 있다. 안에는 석가여래불을 중심으로 왼쪽에는 아미타불, 오른쪽에는 약사불을 봉안하였다. 특히 삼존대불 위에 만들어 놓은 닫집은 섬세하면서도 화려해 건축예술의 진수를 보여주는 것 같았다.

또한, 처마끝의 무게를 받치기 위해 기둥머리에 짜 맞춘 공포(栱包)도 정교하면서도 아름다워 목조 구조 기술의 정수라 하겠다.

대웅전은 자연석 위에 기둥을 세웠는데, 왼쪽 측면의 중앙에 세운 기둥은 쌍계사의 또 하나의 숨겨진 보물이다. 칡 나무가 얼마나 오래 자랐는지 그 둥치를 기둥으로 사용하였다. 그래서일까? 윤달이 든 해에 이 기둥을 안고 돌면, 죽을 때 고통을 없애 준다는 이야기도 전해 내려오고 있다.

대웅전 정면을 장식한 수려한 문짝은 통나무를 사용하여 연꽃, 모란, 무궁화, 국화, 작약 등의 문양을 조각해 놓았다. 섬세하게 만든 꽃무늬 창호는 각각의 꽃들을 아름답고 정교하게 새겨서 그 예술적 가치가 또한 높이 평가되고 있다.

대웅전 왼쪽으로 너른 노지에 관음보살상이 자리하고 있다. 이 관음보살상은 비가 와도 얼굴이 비에 젖지 않는다고 한다. 그래서였을까? 30여 년의 풍상 속에서도 손과 옷 주름에는 검푸른 이끼가 끼어 있지만, 얼굴은 언제나 백옥 같아서 신비로움에 경이감마저 들었다.

쌍계사를 둘러보며 성삼문 선생의 묘소에서 느꼈던 서글펐던 마음도 이제 조금씩 사라져 가고 있었다.

(2019. 『한국작가』 6월호)

이종사촌 만들기

오래전 일이다. 군 복무를 마치고 전에 근무했던 ㅊ공고에 복직발령을 받았다. 대부분 선생님은 안면이 있었기 때문에 반갑게 맞아 주었다. 하지만 ㄱ선생님이 난처한 표정을 지으며 내게로 다가왔다. "최 선생 이거 참 미안해서 어떡하지요?"라며 더는 말을 잇지 못했다. 나는 그 말이 무슨 뜻인지 몰라 망설이고 있는데 ㄱ선생님이 그동안 있었던 일에 대해 자세히 이야기해 주었다.

지난번 중간고사 때 자기 반 학생 ㅇ군이 커닝을 했다고 한다. 그 후 징계를 하기 위해 조사하는 과정에서 ㅇ군이 나의 "이종사촌 동생"이라고 말했다는 것이다. "그때 선처를 해 주지 못하고 정학 처분을 해서 미안하다."는 것이었다.

참으로 황당한 일이었다. 사실 ㅇ군과 나는 인척 관계가 아니다. 단지 고향이 같다는 이유 말고는 그와 아무런 연관이 없었다. '왜, ㅇ군이 나를 이종사촌 형이라 했을까?'

군에 입대하기 전이었다. 입학시험을 보러 온 중학생들에게 수험표를 나눠주기 위해 운동장에 집합시킨 적이 있다. 그때 교복을 입은 학생들을 둘러보며 중학교 후배들이 몇 명 와 있기에, 시험이 끝난 후 음료수를 한 병씩 사 준 적이 있었다. 시험을 보기 위해 먼 곳에서 온 후배들이 반가워서 그랬다.

그는 외지에 와 열심히 공부해서 부모님을 기쁘게 해드리고 싶은 마음이 생겼다. 하지만 공부를 덜 한 까닭에 커닝을 해서라도 성적을 올리려고 하였다. 그의 잘못된 생각이 일을 그르치고 말았다. 커닝을 하다 그만 감독에게 들키고 만 것이다. 그는 교칙에 의해 처벌받을 것이 두려웠다. '그래 지푸라기라도 잡고 싶은 심정에서 나와 친척 관계가 된다고 말했던 것 같다.' 그렇게 하면 학교 측에서 좀 봐줄 것 같아 그리 한 것이다. '오죽 답답했으면 아무 관계도 없는 나를 끌어들여 이종사촌 형으로 만들었을까?' 그의 심정을 이해할 만했다.

그 후 그의 처지를 생각해 ㄱ선생님을 비롯한 다른 선생님들에게 "ㅇ군이 내 이종사촌 동생이 아니다."라고 말할 수가 없었다. 만약 그리한다면 그는 어떻게 될 것인가? 정학은 그만두고 퇴학까지 당할 판이었다. 그를 생각해 모든 비밀을 나 혼자 간직하기로 하였다. 내가 말하지 않으면 모든 문제가 해결될 것 같았다.

그래 팔자에도 없는 그를 이종사촌 동생으로 만들게 되었다. 그 후로 가끔 교내에서 그와 마주치게 되면 그는 무슨 큰 죄를 지은 죄인처럼 몸 둘 바를 몰라 했다. 그런 그의 모습을 보는 것이 안타깝고 부담스러웠다.

하루는 그를 불렀다. 그날도 그는 죄인의 표정을 지으며 나에게 왔다. 고개를 푹 숙이고 내 눈치만 힐끔힐끔 보고 있었다. 자신의 잘못을 지적하려고 부른 것으로 생각한 모양이다. 그를 위해 내가 희생하기로 마음먹었다. 그에게 "이제부터 내가 너의 이종사촌 형이 되어 줄 테니, 그리 알고 매사 행동에 조심하라."고 했다.

그 후, 선생님들을 초대해 저녁 식사를 하는 자리에서 "ㅇ군이 나의 이종사촌 동생"이라 말한 후, "지난번 커닝 사건으로 여러 선생님께 심려를 끼쳐드려 미안하다."는 말까지 했다.

이제 나도 그와 함께 커닝 사건의 공범이 된 것이다. 그 후로 선생님들은 그의 커닝 사건을 잊어버렸다. 하지만 그는 나를 만날 때마다 항상 죄인처럼 행동을 했다. 아무 말 하지 않았는데도 스스로 죄책감을 느끼고 있는 것 같았다.

그렇게 괴로웠던 학교생활을 마치고 그가 졸업하였다. 이제 학교에서 그를 만나는 일이 없어 마음이 편했다.

38년의 세월이 흐른 후, 우연히 길에서 50대 후반이 된 그를 만났다. 그때도 그는 나를 정면으로 바라보지 못했다.

그는 "시청에서 근무한다."고 했다.

커닝 사건이 있은 지 38년이 지났다. 그때 같이 근무했던 ㄱ선생님을 비롯한 여러 선생님도 이제 모두 정년퇴직을 하였다. 이제 솔직히 말을 해도 될 것 같다. "ㅇ군이 나의 이종사촌 동생이 아니었다. 그때는 그가 감수성이 예민한 사춘기 소년이라서 마음에 상처를 줄까 봐 내가 거짓말을 했다."고.

그도 이제 나이가 50이 넘었다. 다음부터 나를 만나게 되면 죄인처럼 고개를 숙이지 말고 내 얼굴을 보면서 이야기했으면 좋겠다. 사회에서 큰 죄를 지은 죄인도 38년의 세월이 흐르면 사면되었거나 석방이 되었을 것이다.

세월은 거짓이나 위선의 탈을 벗기고 진실을 이야기해 주는 능력도 갖고 있는가 보다.

(2015.『한국수필』 7월호)

술의 마력

술은 신이 인간에게 준 멋진 선물인지 모른다. 술이 있어 인생이 즐겁고 살맛이 나는 사람이 있는가 하면, 그렇지 못한 사람도 있다. 내가 아는 친구는 술만 보면 좋아서 입이 쩍 벌어지게 웃지만, 술을 못하는 나는 술 앞에서 기가 죽는다.

술은 베일 속에 감춰진 사람의 성격을 잘 드러내는 마력이 있다. 평소엔 말 한마디 없던 사람도 술잔이 몇 순배 돌다 보면 말도 잘하고 전에 없던 용기까지 낸다.

술이 사람에게 마술을 거는지, 우리는 술과 함께 웃기도 하고 시름을 달래기도 한다.

술은 묘한 힘이 있다. 맑은 정신으로는 해결하지 못하

던 일도 술을 마시면서 잘 해결하는 경우가 있다. 큰 거래나 사업을 하는 사람들은 술을 얼큰히 마신 후 계약을 체결하기도 한다.

로마 속담에 '첫 잔은 갈증을 해소하기 위해 마시고, 둘째 잔은 영양을 위해 마시며, 셋째 잔은 즐기기 위해 마시지만, 넷째 잔은 발광을 위해 마신다.'고 하였다.

그래서일까? 술자리에선 예상치 못한 일들이 벌어지는 경우도 있다. 조용히 대화를 하다가 갑자기 화를 내며 술상을 뒤엎는 사람, 누군가에게 시비를 걸어 대판 싸움을 하고 나서야 자리를 끝내는 사람, 눈을 감고 꾸벅꾸벅 조는 사람, 같은 말을 반복해 지루하게 하는 사람, 살며시 일어나 집으로 도망가는 사람, 꼭 2, 3차를 해야만 직성이 풀리는 사람 등, 술을 마시는 사람의 모습도 천차만별이다.

술은 많은 기행과 웃음을 동반하기도 한다. 조선 시대 후기의 시인 정수동은 술을 마시고 통금시간이 지나 집으로 가던 중, 순라군에게 들키자 담장 위에 넙죽 엎드려 버렸다. 이에 순라군이 "누구냐?"고 묻자, "빨래요."라고 대답하였다.

또한 '명정 40년'의 저자 수주(樹州) 변영로는 서울 외곽에서 친구들과 함께 술을 마신 후, 취기가 오르자 옷을 모두 벗어 버리고 소를 타고 서울 시내로 들어왔다 하지 않던가.

내가 알고 있는 사람 중에도 술의 마술에 걸린 사람들이 있다.

한 친구가 몸을 가누지 못할 정도로 술에 취해 비틀거리며 자신이 사는 아파트까지 잘 찾아갔다. 그는 집까지 찾아온 것에 안심이 되었는지, 승강기 안을 자기 방으로 착각하여 옷을 벗고 알몸으로 잠이 들었다. 이튿날 같은 통로에 사는 아주머니가 새벽 운동을 하기 위해 승강기 문을 여는 순간, 웬 사내가 옷을 벗은 채 쪼그리고 앉아 잠을 자는 게 아닌가? 깜짝 놀라 황급히 문을 닫고 뛰는 가슴을 달래며 계단으로 내려왔다. 하지만, 그 소문은 귓속말을 통해 삽시간에 아파트 단지에 퍼져 변명도 못하고 이사를 간 사람.

술을 너무 많이 마셔 아내의 잔소리가 귀에 밴 친구가 있었다. 그 날도 밤늦도록 술을 마신 후 집으로 가는데, 아내의 매서운 눈초리와 호통이 생각나 정신이 번쩍 들었다. 도둑고양이처럼 몰래 방에 들어갔는데, 마침 아내가 잠들어 있는 게 아닌가. 잘되었다 생각하고 아내 곁에서 잠이 들었는데, 새벽에 연탄을 갈러 나간 아내가 호통치는 바람에 보일러실에서 쫓겨난 사람.

이렇듯 술의 마력에 끌린 주당들의 일화는 하나하나가 진솔한 우리네 삶이요, 그 속에 웃음이 묻어 있다.

나는 술을 마시지 못한다. 처음 직장생활을 할 때는 술자리가 너무 부담스러웠다. 그때는 주로 막걸리를 마셨는데, 마신 후 옆 사람에게 술잔을 돌리는 경우가 많았다. 다 같이 취해 즐겁게 지내자는 뜻이겠지만, 술을 못하는 사람들에겐 참으로 부담 가는 시간이었다. 잔을 비우지 않으면 옆 사람에게 술잔을 건넬 수 없다는 협박 아닌 협박이 나를 괴롭혔다. 좌중에 있는 뭇사람들의 시선이 술잔을 주시하는데 마시다 버릴 수도 없고, 그렇다고 안 마실 수는 더더욱 없었다. 그렇게 강압에 못 이겨 억지로 술을 몇 잔 들고나면 배 속에서 거부반응이 왔다. 그것을 참는다는 것은 무척 어려운 일이었다.

세월은 상 밑에다 그릇 하나를 놓고 들키지 않게 비우는 방법을 알려줬지만, 그도 쉬운 일이 아니었다. 몰래 상 밑에 있는 잔에 술을 따르다가 들키기라도 하면 물건을 훔치다 주인한테 들킨 도둑 신세를 면키가 어려웠다.

그래도 술자리를 피하지 않았다. 직장생활을 하면서 술자리를 피하다 보면 소외감을 느꼈고, 자신도 모르게 외톨이가 되기 때문이다. 술자리에선 되도록 말을 조심했다. 평소엔 농담도 잘하지만, 상대방이 얼큰하게 취했을 때는 말을 하지 않았다. 술을 못하는 사람은 주당들에겐 이방인이요 시비의 대상이 되기 때문이다. 그래 술을 잘 마시는 사람 앞에선 언제나 주눅이 들었다.

이제 술자리 문화도 많이 바뀌었다. 억지로 술을 권하는 사람도 없다. 마시기 싫으면 안 마셔도 된다.

지금도 술은 항상 내게 마술을 걸어오지만 이젠 걱정할 필요가 없다. 누가 술을 권한다 해도 조금 받아 마시거나 적당히 처리할 수가 있다. 그것도 싫을 때는 음료수를 청해 마실 수 있는 여유가 생겼다.

아무튼, 술은 나에게 불가근불가원(不可近不可遠)이지만, 오늘도 찾아가야 할 술자리가 생겼다.

(2008.『에세이문학』 봄호)

다섯 겹으로 된 담장

신록이 푸르고 온갖 꽃들이 다투어 피는 오월. 덥지도 춥지도 않아 가족과 함께 나들이하기에 좋은 달이다. 그래서일까. 온 가족이 함께 할 수 있는 어린이날을 비롯한 어버이날, 성년의 날 등이 오월에 있다.

가족은 집을 중심으로 모이게 되고, 같이 살면서 서로 정을 나누고 사랑도 나누게 된다. 그래 집은 가족의 마음을 담아주는 커다란 그릇이라 할 수 있다. 이러한 집에 담장이 있다면 가족의 정과 사랑이 더 오붓하게 우러나오지 않을까?

어릴 적 시골집에는 집 둘레에 담장이 있었다. 황토에 돌을 넣어 담을 쌓고 그 위에 비를 가리기 위해 볏짚으

로 엮은, 용마름*을 덮은 담장이었다. 담장은 집의 경계도 표시해 줬지만, 찬바람을 막고 들짐승들의 출입을 막아주는 역할도 하였다. 따라서 담장이 있는 집은 포근하면서도 안정된 느낌을 주지만, 없는 집은 헐벗은 것 같아 왠지 허전한 느낌을 주었다.

집이 담장이 있어 포근하고 안정된 느낌을 준다면, 사람의 마음속에도 의지할 수 있는 담장이 있다면 좋겠다는 생각이 들었다. 그러면 어려운 일도 쉽게 해결할 수 있을 텐데….

언제부터인가 내 마음속에는 다섯 겹으로 둘러진 담장이 있었다. 그래 가진 건 없어도 마음은 항상 풍족하고 든든했다.

제일 바깥쪽에 있던 담장은 내가 처음으로 직장 생활을 할 때 모셨던 교감 선생님이다.

대학을 갓 졸업하고 아무것도 모른 채 고등학교에 발령을 받았다. 어떤 어려운 일도 쉽게 해낼 것 같은 패기는 있었지만, 모든 게 어색하고 서툴렀다. 소속 부장은 젊은 나이에 부장이 된 것이 우쭐해서였는지 우리 같은 신규 교사는 안중에도 없었고, 오직 윗사람을 모시는 데만 신경을 썼다. 그래 직장생활을 하면서 많은 어려움과 갈등을 겪었다.

하지만 자상하신 교감 선생님이 계셨기에 아버지처럼 따르며 좌절하지 않고 많은 것을 배울 수 있었다. 교감 선생님을 그곳에서 일 년 반 동안 모셨지만, 교장 선생님으로 승진해서 다른 곳으로 가신 후에도 항상 친자식처럼 보살펴 주셨다.

그랬던 교감 선생님이 십여 년 전에 돌아가셨다. 교사로 첫 발령을 받아 만나서 의지했던 분이 돌아가신 것이다. 나를 에워싸고 있던 첫 번째 담장이 무너져 버렸다.

두 번째 담장은 고등학교 때 국어를 가르쳐 주셨던 선생님이다. 고교 시절엔 기본적인 국어 실력을 갖출 수 있도록 해 주셨고, 어려운 일이 있을 때마다 거리낌 없이 찾아가 고민을 털어놓고 의지할 수 있었던 선생님이다. 내가 다른 학교로 발령이 날 때면 잊지 않고 축하를 해 주셨고, 교감, 교장으로 승진했을 때에도 자기 일처럼 좋아하셨던 분이다. 그런 선생님께서 이 년 전에 돌아가셨다. 또 하나의 담장이 무너져 내린 것이다.

그다음 담장은 대학을 다닐 때 교수님이다. 우리나라 공업교육의 선구자로서 나에게 새로운 교수 - 학습지도 방법을 제시해 주신 분이다. 대학 4학년 때는 실기에 취약한 교사가 되지 않도록 해주기 위해, 여름 방학 동안 서울의 정수직업훈련원에서 제자들과 같이 생활하시며, 기능 자격 취득을 위해 지도를 해주신 분이다. 그 결과 공업고등학교에 근무하면서 실기에 대한 부담감을 떨쳐버리고 이론과 실기를 학생들에게 알기 쉽게 가르칠 수 있었다. 이처럼 제자가 자신감 있게 학생들 앞에 설 수 있는 능력을 갖추게 해주신 분이다. 그리고 대학 때는 물론 초임 교사로 발령을 받고 난 후에도 늘 바른 교사의 길을 갈 수 있도록 안내를 해주셨다. 그런 교수님께서 지난해에 돌아가셨다. 이렇게 세 번째 담장이 무너져 내렸다.

그렇게 세 겹의 담장이 마음속에서 하나둘씩 무너져 나갔다. 담장이 무너져 나가는 사이 세월은 나에게도 바람에 견디는 힘을 조금씩 길러 주었다. 홀로 견디기 어려워 휘청거렸지만 견디어 나갔다. 하지만 항상 마음 한구석에는 의지하고 있던 분들이 계시지 않아 허전하기만 했다.

그래도 나에겐 가장 견고하면서도 든든한 두 개의 담장이 남아 있었다. 그중 첫 번째 담장이 바로 어머니였다. 나에게 생명을 주시고 길러 주셨으며 세상을 살아갈 수 있는 혜안을 주신 어머니시다. 남편을 일찍 여의고 시부모님과 다섯 명의 시누이, 시동생, 그리고 자식 사 남매를 건사하느라 고생도 많이 하셨다. 하지만 자식을 위한 일이라면 어떤 어려운 일도 마다치 않으셨던 어머니. 남에게 아비 없이 자란 자식이란 소리를 듣지 않게 하려고 몸도 아끼지 않고 일도 많이 하셨다. 그런 까닭에 손가락에 있던 지문까지 닳아 없어져 주민등록을 할 땐, 지문이 보이지 않아 몇 번씩이나 지문을 다시 찍으시곤 하셨다.

나는 고생만 하신 어머니가 좋아하실 일을 하고 싶어 노력도 해 보았다. 그래서 좋은 일이 생기면 제일 먼저 어머니께 알려드렸고, 어머니가 기뻐하시는 모습을 보는 것이 나에게 가장 즐거운 행복이었다.

그런 어머니마저 지난해에 돌아가셨다. 내게 가장 많은 영향을 주셨고 아버지 없이 고생만 하셨던 어머니시다. 나에게 가장 소중한 분이셨고 내 인생에서 가장 든든한 버팀목이셨다. 어머니를 잃은 슬픔에 마음마저 황폐해져서 중병을 앓는 환자처럼 일 년을 보냈다. 그러던 중 엎친 데 덮친 격이라 할까. 두 번째 담장마저 무너져 버렸다. 올해 초, 아버지처럼 곁에서 묵묵히 나를 지켜주던 형님마저 세상을 떠나시니, 내 마음에 둘러져 있던 담장이 모두 무너져 내린 것이다.

여러 겹으로 둘린 담장에 의지하고 살았던 때가 그리워진다. 세찬 눈보라나 비바람이 불어도 이제 나를 막아줄 담장은 없다. 나 스스로 담장이 되어 세찬 비바람을 몸으로 막아내야만 했다. 그것은 나를 담장으로 의지하고 있는 두 딸과 아들이 있기 때문이다. 과연 그들에게 내가 담장의 역할을 할 수 있을까? 흙에 돌을 넣어서 쌓은 견고하고 튼튼한 담장은 되지 못할지라도 최소한 바람막이용 울타리 정도는 되어야 하지 않을까?

오월의 따사로운 햇살이 내리쪼이는 울타리 안에 우리 아이들이 모여 있다. 움츠리지 않고 있는 걸 보면 그런대로 의지는 되는가 보다.

*용마름 : 초가지붕 위의 마루나 토담 위에 덮는 짚으로 길게 틀어 엮은 ㅅ자 모양의 이엉을 말하며, 방언으로 '용고새'라고도 한다.

(2012.『수필문학』5월호)

이모작 인생

올해부터 정부에서는 문화체육관광부와 문화융성위원회가 서로 손을 잡고, 매달 마지막 수요일을 '문화가 있는 날'로 정했다.

문화가 있는 날에는 전국에 있는 다양한 문화시설의 문을 활짝 열고 국민에게 문화가 있는 삶을 영위할 수 있도록 해 주려는 것이다.

어느 날 해군본부의 『해군』지 편집장한테서 전화가 왔다. 해군에서도 문화융성의 시대를 맞아 국민이 해군에게 쉽게 다가갈 방안으로, "『해군』지에 전국에 있는 해양 함상 공원 및 해군과 관련된 유적지 등을 찾아 소개함으로써 국민과 함께하는 문화 해군이 될 수 있도록 할

계획.”이라며, “한 달에 한 번 해군 관련 공원이나 유적지 등을 탐방한 후 글을 써 줄 수 있느냐?”는 것이었다.

망설여졌다. 지금까지 그러한 글은 써 본 적이 없고 시간적으로도 여유가 없을 것 같아서였다. 하지만 몇 달만 지나면 직장에서 정년퇴직하고 그때 가서는 특별히 할 일도 없을 것 같아 그 일을 하기로 약속했다.

이번 달에는 해마다 20만 명의 관람객이 찾는 동양 최초의 군함 테마파크인 ‘삽교호 함상 공원’으로 갔다.

삽교호는 방조제를 중심으로 바다와 호수로 나누어져 있는데 바닷가 쪽에 함상 공원이 있다. 군함을 소재로 한 테마공원인 것이다. 그곳에는 해군과 해병 용사들이 사용했던 수륙양용 장갑차, 함포, 박격포, 탱크 등 전투 장비들이 전시되어 있다. 여기서 관람객들은 전투용 장비에 직접 올라가 운전석에 앉아보기도 하고, 둘러보면서 기념사진도 촬영하였다.

전시장을 둘러보고 나니 전시장 바로 옆에 커다란 군함 두 척이 관람객을 기다리고 있었다. 상륙함과 구축함이다.

화산함이란 이름의 상륙함은 해안 상륙작전과 수송을 맡았던 군함이다. 그는 젊어서 거친 바다를 누비며 용맹을 떨쳤지만, 지금은 나이가 들어 현역에서 퇴역한 후 이곳 삽교호에 와 있다.

그의 경력을 보면 1945년 5월에 미국에서 태어나 미 해군에서 활약하다가, 1958년 한국 해군으로 이주해 와 화산함이란 이름을 얻었다. 그는 베트남 전쟁 때 사이공이 함락되는 긴급한 상황에서도 피난민들을 안전하게 철수시켰으며, 신안 앞바다에서 해저유물 인양작업에도 참여하였다.

그는 장갑차 15대와 차량 15대 그리고 사람 500명을 싣고 다닐 수 있는 큰 군함이었다. 화려한 경력을 가졌지만 흐르는 세월에는 그도 어찌할 수가 없었던 모양이다. 그래 55세의 나이로 퇴역을 하였다.

삶이 아름다운 사람은 사후(死後)에도 자신의 신체나 장기를 다른 사람에게 기증해 좋은 일을 한다. 화산함도 현역에서 임무를 다하고 나서 퇴역한 후 자신의 선체(船體)를 찾아오는 관람객들을 위해 기증하였다.

선체 내부에는 해군의 역사, 제1연평해전 등 해군과 해병대에 관련된 홍보 자료들을 전시해 놓고 관람객들에게 보여주고 있었다.

화산함과 나란히 있는 구축함은 전주함이란 이름을 달고 있다. 그는 함포, 어뢰, 미사일 등으로 무장한 후 전투함대의 맨 앞에서 적 함대를 정찰하고, 적의 주력 군함이나 잠수함을 공격하는 전투용 군함이다. 그는 1944년 미국에서 태어나 미 해군 태평양함대 사령부 소속으로 베트남 전쟁에 참여해, 월맹군의 주요 해상 보급로인 통킹만 해역을 봉쇄하여 월맹군에게 큰 타격을 주었다. 그 후 1981년 한국 해군으로 이주해 와 바다를 경비하는 일선에서 대간첩 작전 등 많은 공을 세웠으며, 해사 생도들의 원양실습 함정으로 선발되어 세계 각국의 해군기지를 방문 한국 해군의 위상을 높여 준 군함이다.

전주함도 자신의 선체 내부를 전투정보실, 통신실, 함장실, 어뢰 발사대 등으로 나누어 관람객에게 보여주고 있었다. 그도 나이가 들어 56세에 퇴역한 후 화산함과 함께 이곳 삽교호에서 새로운 인생을 살아가고 있다.

사람은 학업을 마치게 되면 취업을 한다. 취업 후 직장에서 일하면서 세월이 흘러 나이를 먹게 된다. 전에는 한 직장에 취업하면 그곳에서 오랫동안 근무했는데 요즈음은 다르다.

여러 가지 이유도 있겠지만 한 직장에서 오랫동안 근무하다가 퇴직을 하는 경우는 공무원을 제외하고는 드물다.

1997년 외환위기를 맞아 많은 사람이 구조조정으로 직장을 잃었다. 그 후 직장의 풍습도 바뀌게 되었다. 한 직장에서 근무한다 해도 전처럼 정년 때까지 근무하지 못하고 자의 반 타의 반으로 조기에 퇴직을 하는 경우가 많다. 그래서 이십 세 태반이 백수라는 이태백이나, 삼십팔 세 조기 퇴직이란 삼팔

선, 그리고 사십오 세가 정년인 사오정, 오십육 세까지 직장에 남아 있으면 도둑이라는 오륙도와 같은 유행어가 생겨났다. 여기 함상 공원에 있는 두 군함도 젊어선 드넓은 바다에서 거친 파도를 헤쳐 가며 열심히 일했다.

그리고 55세와 56세의 나이에 각각 현역에서 퇴역하였다. 우리가 사회에서 흔히 말하는 오륙도라는 말을 듣지 않으려고 퇴역한 것일까? 그들은 오십 오륙 세까지 바다에서 현역으로 열심히 일했다. 오륙도란 소리를 들을까 봐 이곳에 온 것이 아니다. 나이가 들어 퇴역한 후 남은 인생을 새롭게 살기 위해 이곳에 와 있는 것이다.

그들은 선체를 기증한 후 이곳에 오는 많은 사람에게 자신의 과거 모습을 진솔하게 보여 주면서 새로운 삶을 살아가고 있다.

퇴직 후 새로운 직업을 찾아 남은 인생을 즐겁게 살아가는 사람처럼, 그들도 이곳 삽교호 함상 공원에서 이모작 인생을 살아가고 있다.

전주함 내부를 구경한 후 헬기 갑판을 개조해 만든 함상 카페로 갔다. 그곳에 앉아 차 한잔을 마시며 넓게 펼쳐진 서해를 본다. 자연의 섭리는 너른 바다를 밑그림 삼아 하늘에 붉은 저녁노을을 그려 넣는다. 참으로 아름다운 풍경이다. 자연이 바다 위에 마련해 놓은 화폭에 화산함과 전주함이 그 중앙에 그려진다.

함상 공원을 나와 삽교호 방조제로 갔다. 이곳은 1979년 10월 26일 고 박정희 대통령이 삽교호 방조제 준공식에 참석했던 유서가 깊은 곳이다. 우리는 이곳에서 준공식을 마친 박정희 대통령을 그날 저녁 이후로 볼 수가 없었다.

함상 공원 옆에 있는 바다 공원으로 갔다. 공원을 거닐며 몇 달 후 정년퇴직을 하게 되면 내 인생의 텃밭엔 이모작으로 무엇을 가꾸어 나갈까 생각을 해본다.

(2014.『에세이문학』 여름호)

지하철 풍속도

지하철 안은 조용했다. 레일 위에 쇠바퀴 굴러가는 소리 외엔 아무 소리도 들리지 않았다. 40여 년 전 지하철을 처음 탔을 때는 이렇게 조용하지 않았다. 하지만 지금은 많은 사람이 스마트폰 화면을 보거나 터치하고 있다. 이어폰을 귀에 끼고 음악 감상을 하거나 인터넷 검색, 카톡 등을 하는 사람도 있다.

지하철을 처음 타 본 것은 1974년 8월 지하철 1호선이 개통되었을 때였다. 그때 나는 대학 4학년으로 전공은 공업교육이었다. 따라서 대학을 졸업하면 공업고등학교 교사로 임용될 예정이었다. 하지만 대학에서는 실기보다 이론 중심으로 수업했기 때문에 실기 능력이 많이 부족했다. 그래 여름방학을 이용해 서울에 있는 정수직업훈련원에서 실기 능력 향상을 위해 현장 실습을 하고 있었다.

그때 마침 지하철 1호선이 처음 개통되었다 해서 서울역으로 나가 지하철을 타 보았다. '땅 속으로 가는 기차는 어떤 느낌이 들까?' 하는 호기심과 궁금증으로 마음이 설렜다. 땅속을 달릴 때는 어두운 터널 속을 달리는 것 같이 마음은 답답했지만, 어둠을 뚫고 지상으로 나왔을 때는 온 세상이 광명천지였다. 깜깜하고 답답한 어둠 속에서 밝은 희망의 빛을 찾은 기분이었다. 지하철을 탔던 대부분 사람은 잠깐 도깨비에게 홀린 것 같았다. 다른 세상에 온 사람들 같았다. 여기저기서 웅성거리는 소리가 들렸다. 승차 소감을 이야기하는 소리였다.

그 후 지하철을 탈 기회가 별로 없었다. 10여 년의 세월이 흐른 후 다시 지하철을 타게 되었다. 발 디딜 틈도 없이 좁았지만 서로 이야기하는 사람들과 신문이나 책을 보는 사람도 더러 있었다. 지하철에 대한 호기심이나 신기함을 이야기하는 사람은 아무도 없었다. 도로가 혼잡해 버스나 택시를 타는 것보다 지하철은 시간 절약의 수단으로 이용된다는 생각이 들었다. 지하철은 복잡한 교통수단을 해결하기 위한 하나의 방편이었다.

몇 해 전, 대전에도 지하철이 개통되었다. 그동안 자가용을 타고 직장에 다녔기 때문에 지하철을 이용할 기회가 거의 없었다. 정년퇴직 후 시민대학의 평생교육 프로그램을 수강하기 위해 모처럼 지하철을 탔다. 승객 대부분이 스마트폰 화면을 보고 있다.

세월은 많은 것을 바꾸어 놓았다. 바뀐 것 중에는 지하철 승객의 풍속도도 그중 하나다. 지하철을 처음 탔을 때 승객들은 지하철에 대한 호기심이 많았고, 그다음엔 책이나 신문을 보거나 대화를 했는데, 이번엔 대부분 스마트폰 삼매경에 빠져 있다.

세월이 더 흐르면 지하철 승객의 풍속도는 어떻게 바뀔지 궁금해진다.

(2015. 『수필문학』 11월호)

참 좋은 세상

아침에 인터넷쇼핑에서 주문한 물건이 오후에 도착했다. 상대방에게 돈을 보내야 할 때도 집에서 인터넷 뱅킹을 이용하면 되고, 필요한 물건이 있으면 인터넷쇼핑이나 홈쇼핑에서 주문하면 집에서 물건을 받을 수가 있다. 대형 매장에서도 물건을 산 후 무겁게 들고 올 필요가 없다. 집으로 배달해 준다.

우체국이나 은행에 가서 상대방에게 돈을 보내야 하는 번거로움이 없어졌다. 집에서 인터넷 뱅킹을 이용하면 된다. 참으로 편리한 세상이다.

내가 중학교에 다닐 때만 해도 시외전화를 하려면 우체국이나 전신전화국으로 갔다. 전화가 있는 집이 드물어, 급한 일로 시외전화를 하려면 시골에서는 우체국으로 가야 했다. 그곳에서 상대방 전화번호를 적어 주면, 교환이 상대방을 불러낸 후, 연결이 되면 공중전화 부스처럼 생긴 곳으로 들어가 통화를 했다. 하지만 시외전화를 신청한 사람이 많을 때는 한동안 순서를 기다린 후 통화를 할 수 있었다. 그렇게 통화가 되었다 해도 문제가 많았다. 통신 시설이 좋지 않아 쉽게 끊어지거나 상대방 목소리가 잘 들리지 않아 고래고래 소리를 높여 통화를 해야 했다.

지금은 어떤가? 핸드폰이 있어 언제 어디서나 전화를 주고받을 수가 있다. 음질도 좋아서 마치 곁에서 이야기하듯 깨끗한 음질이라 고래고래 소리를 지르지 않아도 된다.

살아가는 데 있어 여러 방면에서 참 편리한 세상이다.

43년 전, 서울에 있는 어느 잡지에 수필 한 편이 실린 적이 있었다. 처음엔 그 잡지를 잘 보관하고 있었지만, 이사를 여러 차례 하면서 잃어버렸다. 마침 그 글이 다시 보고 싶어졌다. 하지만 43년 전 잡지에 실렸던 글을 다시 읽어 볼 수 있으리란 기대는 하지 않았다. 혹시나 하는 마음에서 잡지사로 전화해 보았다.

"과거의 자료 중 1973년 5월호에 실린 자료를 찾아볼 수 있느냐?"고 물어보았다. "찾을 수 있다."고 한다.

잠시 후 담당자로부터 내 글을 찾았다는 연락이 왔다. "그 자료를 복사해 줄 수 있느냐?"고 물었더니, "그렇게 해주겠다." 라고 한다. 43년 전에 실렸던 내 글을 다시 볼 수 있다니…. 오랜만에 반가운 사람을 만난 것처럼 기뻤다.

집에서 인터넷뱅킹으로 복사료와 우편요금을 잡지사로 송금했다.

이튿날, 이른 아침 벨이 울렸다. '이른 아침부터 누구일까?' 궁금해하며 문을 열었다. 잡지사에서 온 택배였다. 43년 전에 썼던 수필을 복사해서 비닐로 된 파일철 안에 예쁘게 넣어 보내온 것이다. 과거와 현재가 이렇게 빨리 만날 줄은 몰랐다. 참으로 좋은 세상이다. 이렇게 좋은 세상에 살고 있다는 것이 얼마나 행복하고 즐거운 일인가. 참 좋은 세상이다.

(2016. 『수필문학』 7월호)

4부

한국인의 두 얼굴

한국인의 두 얼굴

얼마 전 베트남 축구팀이 10년 만에 스즈키 컵에서 우승을 했다. 그 기쁜 마음을 베트남에 있는 가죽 전문업체 라까(LAKA) 사장도 많은 사람과 함께 나누기로 하였다. 그는 라까 매장을 방문하는 베트남 거주 한국인들에게 가방과 구두 등을 무조건 한 개씩 준다고 하였다.

베트남 축구팀 감독을 맡은 박항서 감독 및 코치에 대한 고마움의 표시라 하겠다.

베트남 국민의 축구 열기는 대단했다. 우승을 하던 날 베트남 전역에선 환호성으로 난리가 났었다. 베트남 국민의 열기가 얼마나 대단했던지, 사고가 날까 봐 예정되었던 카퍼레이드까지 취소했다고 한다.

박 감독의 따뜻한 선수 사랑과 배려가 베트남 국민에게 전달되어 그를 베트남의 국민 영웅으로까지 치켜세웠다. 이러한 베트남 국민의 환호는 박 감독에게 많은 혜택을 주었고, 박 감독 또한 그 성의에 보답하고자 받았던 상금을 베트남 축구 협회에 기증하였다.

이 소식을 들은 우리 국민들도 흐뭇한 마음과 자긍심을 갖게 되었다.

라까(LAKA) 매장에서 가죽 제품을 무료로 제공한다는 소식이 방송에 나가자, 베트남에 관광 갔던 한국 관광객이 관광버스를 몰고 라까 매장을 찾은 것이다. 50여 명의 관광객이 한꺼번에 매장으로 들어서자 사장은 눈이 휘둥그레졌다. 그들은 너나 할 것 없이 가방과 구두 등을 하나씩 들고나왔고, 심지어는 한국으로 배송해 달라고 하였다.

그렇게 해서 하루에 1,100만원 상당의 물건을 가져간 적도 있다고 한다. 라까 사장은 그들의 행태를 보고 무슨 생각을 하였을까? 기분이 좋아 선의로 시작한 사은 행사가 이렇게까지 될 줄은 몰랐을 것이다. 그는 곤란한 자신의 입장을 페이스 북에 올렸다. '베트남에 장기간 체류하는 한국인에게만 선물을 준다.'고 하였다. 같은 한국인으로서 참으로 부끄러운 일이라 생각이 되었다. 매장을 찾았던 한국 관광객이 국제적 망신을 저지른 것이다.

그동안 베트남 국민은 베트남 전쟁에 한국군이 참전함으로 인해 한국인에 대한 인식이 우호적인 것만은 아니었다. 마침 박 감독의 노력으로 이런 관계가 조금씩 누그러져서 화해의 무드로까지 이어져가고 있었다. 이러할 때에 베트남으로 관광을 갔던 사람들은 민간사절로서의 자격을 상실한 것이다.

이런 부끄러운 내용이 다시 방송에 나가자, 베트남에 거주하는 한국인들이 미안한 마음을 갖고 한 사람, 두 사람씩 라까 매장을 찾았다. 그들은 모국 관광객이 저지른 잘못을 사죄하는 마음으로, 그 매장에 있는 물건을 여러 개씩 구매하였다. 그중에는 한 사람이 물건을 10개씩 사 간 사람도 있었다. 또한 베트남에서 사업을 하는 한 교민은 매장 한 코너에 있는 가방을 몽땅 사 갔다고 한다. 그동안 라까 매장의 손실을 보충해 주기 위한 것이었다. 따뜻한 마음이다.

이러한 마음은 한국에까지 이어져, 부산에서 카페를 운영하는 어느 사장은 라까 직원과 사장이 자신의 카페를 방문한다면 식사와 음료수를 무료로 제공하겠다고 하였다. 그 외에도 라까 직원들이 한국을 방문한다면 숙식까지도 무료로 제공하겠다는 사람들도 있었다.

베트남에서 한국인의 두 얼굴을 보았다. 부끄러운 한국인의 얼굴과 그 얼굴에 가려져 보이지 않던 착한 한국인의 얼굴이다.

하마터면 베트남의 가죽 전문업체 라까 사장의 선의가 일부 몰지각한 우리 관광객에 의해 왜곡될 뻔하였다.

앞으로도 박 감독과 코치가 베트남에서 어렵게 일군 결실을 일부 몰지각한 사람들이 떨어뜨리는 일은 없어야 하겠다.

어떻게 이루어 낸 두 나라 간의 우의와 영광인가?

(2019.『한국수필』 6월호)

우물 안 개구리

목욕을 주로 집에서 했다. 욕조가 좁고 불편하지만, 목욕탕에 가는 것보다 편해서 그랬다. 가끔은 아들과 함께 목욕을 했다. 비좁은 욕조에서 서로 마주 보며 몸을 담가 봤지만 혼자서 목욕을 하는 것보다 더 불편했다. 그래도 목욕탕에 가는 것보다 편했다.

아들이 자라면서 욕조에서 목욕하는 것이 불편해지기 시작했다. 그래 시차를 두고 하였다.

아들이 초등학교 6학년이 되던 어느 날, 아들을 데리고 동네 목욕탕엘 갔다. 처음으로 목욕탕에 와 본 아들의 첫마디가 "야, 목욕탕 되게 넓다."라며, 넓은 탕 안을 휘젓고 다닌다. 그는 수영도 하고 아빠가 있는 사우나실도 들어 와 잠시 앉아 있다가, 숨이 차는지 바로 나가버렸다. 그에게는 목욕탕이 작은 수영장이었다. 아직도 즐거운 표정을 감추지 못하고 이곳저곳을 돌아다닌다. 많은 수도꼭지를 틀어도 보고 샤워도 해본다. 그에게는 목욕탕 안의 모든 것이 신기하고 새로울 뿐이었다.

그는 지금까지 목욕탕에 한 번도 와 본 기억이 없어, 집에 있는 욕조가 목욕탕의 전부로 알았던 모양이다. 그의 행동을 보면서 진즉에 목욕탕에 데리고 오지 못한 나의 잘못을 깨닫게 되었다.

그래 선인들은 많은 것을 깨닫게 하기 위해선 자식에게 여행을 시키라 했던 모양이다.

나는 어린 시절을 시골 마을에서 자랐다. 그곳에서 쉽게 볼 수 있었던 것은 마을 앞과 뒤에 보이는 산과 하늘뿐이었다. 마을 앞에는 꽤 높은 파진산이 있고 그 밑으로 백마강이 흐르고 있었다.

보고 들은 것이 적은 내게 마을 앞산과 뒷산은 최고 높은 산이었고, 학교 가는 길옆에 있던 저수지가 제일 넓은 저수지로만 알고 있었다.

게다가 일 년이 다 가도록 자동차 한 대 구경할 수 없었고, 가끔 지나가는 달구지 뒤를 따라가다가, 주인 몰래 달구지 뒤에서 매달리는 것이 커다란 즐거움이었다.

그러던 어느 날 트럭이라도 한 대 들어오기라도 하면, 꼬마들은 달리는 트럭의 뒤를 쫓아가다가 한번 매달려 보는 것만이 최고의 행복으로 알았다. 달리는 트럭 뒤에 오래 매달리기란 그리 쉽지 않았다. 꼬마들은 팔의 힘이 빠지면 트럭 뒤에 오래 매달리지 못하고, 널브러지며 땅바닥에 나자빠져도 아픈 줄도 몰랐다. 그래도 그것이 좋았다.

중학교에 진학하면서 뽀얀 먼지를 꼬리에 달고 비포장도로를 달리는 버스도 타보고, 기차를 타고 수학여행도 다녔다. 그러면서 소양강 댐과 바다를 보았고, 설악산과 한라산도 알게 되었다.

이제 비행기를 한번 타 보는 것이 소원이었다. '비행기를 타면 어떤 느낌이 들까?' '자동차보다 더 승차감이 좋을 것'이란 생각을 해보았다. 이런 상상을 하며 비행기를 탈 기회를 기다리다, 마흔 살이 넘어서야 비행기를 타보게 되었다.

막상 비행기를 타보니 기대와는 달리 상공을 오를 때와 내려올 때를 제외하고는 맨바닥의 의자에 앉아 있는 느낌만도 못했다. 오히려 어린 시절 트럭 뒤에 매달리며 느꼈던 그런 승차감만도 못하다는 걸 알고 실망을 했다.

부전자전이랄까, 아버지가 견문이 좁아 자식도 견문이 좁아

진 것 같다. 생각해 보면 아들도 아버지를 잘못 만나 우물 안 개구리 신세를 면치 못한 모양이다.

(2006.『대한문학』 여름호)

토사구팽(兎死狗烹)

집에 돌아오면 허전한 마음이 든다. 주차장에 있어야 할 프라이드가 보이지 않기 때문이다.

어렸을 때 집에서 개를 길렀다. 친구가 많지 않던 나는 개를 좋아해서 친구들과 놀지 않을 때는 개와 함께 놀았다. 여러 해 동안 정이 든 까닭에 외출했다가 집에 돌아올 때면, 항상 나와서 꼬리를 흔들며 맞아 주었다.

그러던 어느 날, 학교에서 돌아와 보니 꼬리 치며 달려 나와야 할 개가 보이지 않는다. 개 값은 삼복더위가 있는 여름이 제철인지라, 누나의 대학 등록금을 마련하기 위해 개를 내다 판 것이다.

가족 중 한 사람이 없는 것처럼 매우 서운했다. 하찮

은 물건도 손때가 묻은 뒤 그걸 잃어버리면 서운하기 마련인데 그동안 개와 정이 들었나 보다. 허전한 마음뿐이다.

학기 초라 새로 오신 선생님들의 환영 모임이 있었다. 환영한다는 말과 함께 술잔을 서로 부딪치려는 순간, 핸드폰이 울렸다. '아내가 접촉사고를 냈다.'는 것이다. "작은 사고라면 보험회사로 연락해 처리하라." 했으나, "차가 너무 많이 손상되어 견인차가 와서 끌어가려 한다."는 것이다. 그 소리에 허기진 배를 채우려다 입맛까지 확 달아나 버렸다.

사고 현장으로 간다. 퇴근 시간이라 길이 막혔다. 마음은 급했지만, 몸이 마음을 따르지 못해 속만 태웠다.

길가에 큰딸의 모습이 보인다. 좀 떨어진 곳에는 아내와 아들이 초조한 모습으로 서 있다. '왜, 아이들까지 이곳에 나와 있을까?' 사고가 나자 겁이 난 아내가 집으로 연락해 아이들을 나오라고 한 것이다.

오늘따라 날씨가 쌀쌀해 사고 현장에 모인 사람들이 모두 움츠리고 서 있다. 그들 옆에 붕어가 낚싯바늘에 매달리듯 낯선 차 한 대가 험상궂은 모습으로 견인차에 매달려 있다. '다른 사람의 차겠지.' 생각하며, 우리 차를 찾으려고 주위를 둘러봤으나 보이지 않았다. 아무리 찾아봐도 그 차 외엔 다른 차가 보이질 않는다. 그게 바로 우리 차였던 것이다. 차는 쉽게 알아볼 수 없을 정도로 앞부분이 너무 많이 파손되어, 똑바로 바라보기조차 안타까울 정도였다.

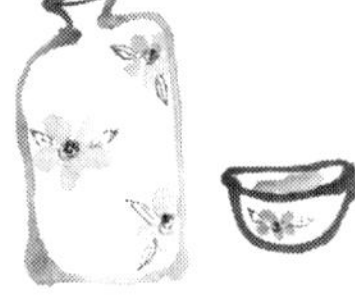

10년 전 프라이드를 사 오던 날, 너무 좋아서 아파트 주차장에 세워놓은 차를 보고 또 보았다. 차를 처음 소유했다는 기쁨과 그 차를 타고 가고 싶은 곳이라면 어디라도 갈 수 있다는 생각에서 그랬다. 이튿날부터는 볼일이 없어도 차를 타고 시내나 시외로 자주 돌아다녔다. 쉴 때는 닦고 그래도 시원치 않아 광택이 날 때까지 닦았다. 무더운 여름 햇볕도 차를 닦는 데는 덥지 않았고 겨울에도 춥지 않았다.

그 차가 있어 고향에 계신 어머니도 더 자주 뵐 수 있었고, 명절 때마다 비좁은 버스에서 시달릴 필요도 없었다. 그리고 할머니가 돌아가셨을 때는, 영정(影幀)을 묘소까지 모시고 가기도 하였다. 이렇게 십여 년을 함께 생활해 오다 새 차를 사는 바람에, 그 차는 운전을 배우기 시작한 아내의 몫이 되었다. 그 차로 아내는 운전을 배워 자신의 출퇴근은 물론, 아이들의 등교까지 맡아 해왔다.

이렇게 정이 든 차가 오늘 험상궂은 몰골로 내 앞에 있다니, 정비공장에 가서 수리를 한다 해도 앞부분이 너무 많이 파손되어 운행을 다시 할 수 없을 것 같았다.

설령 수리가 된다 해도 찻값보다 수리비가 더 나올 것 같아 서운했지만 폐차하기로 마음먹었다.

견인차가 프라이드를 끌고 폐차장으로 간다. 나도 뒤따라갔다. 그곳에 도착해 차 안에 있던 물건들을 꺼내려는데 마음이 울적해진다. 그동안 헌신하며 분신처럼 나를 도와줬는데 폐차를 해야 하다니… .

이튿날 폐차에 필요한 서류를 가지고 다시 폐차장으로 갔을 때, 프라이드는 어미의 품에서 떨어지지 않으려는 어린애처럼 아쉬운 표정으로 나를 바라보고 있다. 필요할 때는 사용하고, 필요가 없으면 미련 없이 버리고 떠나는 주인이 야속하다는 눈치다. 차 안에서 미처 꺼내지 못한 물건을 꺼내려고 의자에 손을 짚었을 때 따끔한 느낌이 들어 쳐다보니, 손바닥에서 피가 흐른다. 앞 유리가 깨질 때 의자 위에 흩어져 있던 유리 조각이 손바닥을 찌른 것이다. 차를 대신해서 나를 혼내준 것 같다.

토사구팽(兎死狗烹), 필요할 때는 개에게 사냥을 시키고 사냥이 끝난 뒤에는 개까지 잡아먹는다는 고사성어와 같다. 나는 경제적 논리에 의해 몇 푼 되지도 않는 찻값을 보험회사에서 보상받고, 그동안 헌신적으로 봉사해 왔던 차를 폐차했으니,

그게 바로 토사구팽이 아닌가?

프라이드는 작아서 주차하기 좋았고 헌차라서 누가 흠집 낼 염려가 없어 좋았다. 그래 모임이 있을 때마다 나는 새 차를 제쳐놓고 프라이드를 애용해 왔다.

하지만, 이제 프라이드의 모습은 아파트 주차장에서 볼 수 없게 되었다.

(2000.『계간수필』 여름호)

부분 월식

무슨 일이 생기려는가. 간밤엔 가슴이 답답하고 잠이 오질 않더니 학교에서 전화가 왔다.

학교 부근 안영리 유원지에서 익사한 사람이 우리 반 ㅇ군과 같다 하니, 가서 확인해 보라고 한다. ㅇ군이라면 창백한 얼굴에 슬픈 눈동자를 가진 학생이다. 학기 초만 해도 그는 성실한 학생이 아니었다. 그에게 학교생활은 관심 밖의 일이었다.

그가 결석한 어느 날 자취방을 가보니 친구들과 잠을 자고 있었다. 취사도구는 있었으나 언제 사용했는지 먼지가 뽀얗게 묻어 있고, 재떨이에는 담배꽁초가 수북이 쌓여 있었다.

그 후 부모와 상담한 후, 자취를 그만두고 하숙을 하게 하였다. 이러한 관계로 그와 자주 만나면서 정(情)도 들었다. 그동안 닫혀 있던 마음도 열리게 되고, 가슴 깊은 곳에 감췄던 고뇌도 하나둘씩 해결해 나갔다.

학교생활도 흥미를 갖기 시작하여 실습 시간이면 서툰 솜씨로나마 기계를 다루느라 땀도 많이 흘렸다. 그 후, 열심히 실습하여 기능 자격시험에도 응시하였다. 이럴 즈음 현장 실습을 나가게 되었다. 혹시나 해서 외지로 실습을 나가면 그전의 생활 습관으로 돌아가지 않을까 걱정이 되어, 현장 실습도 집 근처로 보내 주었다.

학교에서는 내가 관심을 갖고 보살폈지만, 사회에 나가선 부모에게 맡겨 성실한 사람으로 키우고자 하였다. 그러나 사람 일이란 알 수가 없다. 사고 현장으로 가면서도 익사한 사람이 그가 아니길 바랐다.

유원지에는 더위를 피해 온 사람들로 붐비고 있었다. 어른들은 물속에 몸을 담가 더위를 잊고, 아이들은 물장구를 치며 더위를 쫓았다.

현장에서 경찰을 만났다. 학교에서 왔다 하니 사고 경위를 설명해 준다. 청년 몇 명이 야유회 왔다가 점심을 먹은 후, 한 사람이 더위를 참지 못하고 수영 금지 구역으로 뛰어들었다.

물속을 헤엄쳐 건넌 후, 친구들에게 건너왔다고 뽐내며 소리를 질렀다. 여기 뒤질세라 ㅇ군이 물속으로 뛰어든 것이다. 강물을 절반쯤 건너갔을 때, 그는 심장마비를 일으켜 허우적대다가 끝내 물속에 잠기고 말았다.

친구들 앞에서 부려 본 만용이 귀중한 목숨까지 앗아간 것이다.

사체(死體)는 이미 구급차에 실려 병원으로 옮겨갔다고 했다.

나는 익사한 사람이 ㅇ군이 아니길 바라며 사체의 신원에 대해 자세히 물어보았다. 경찰은 서슴없이 ㅇ군이라 한다.

그는 조치원으로 현장 실습을 나갔기 때문에 대전에 올 이유가 없다. 그런 그가 죽다니 믿을 수가 없었다.

경찰에게 교무 수첩에 있는 그의 사진을 보여주며 다시 확인을 해 보았다. 경찰은 나의 이런 태도가 귀찮은 듯, 대답 대신 호주머니에서 ㅇ군의 주민등록증을 꺼내 보여주었다. 아직도 물기가 채 가시지 않은 주민등록증이 ㅇ군이 아닐 것이란 나의 간절한 소망마저 앗아가 버렸다. 한 가닥 남은 바람마저 물거품이 되어버린 순간이었다.

이제 병원으로 가 확인해 보는 수밖에 없다. 병원에는 그의 어머니가 와 계셨다. 장남을 잃은 슬픔에 울다 지쳐 넋 나간 모습으로, 죽기 전 아들의 생활 모습을 넋두리로 늘어놓았다.

그는 실습을 나가 회사에 첫 출근을 하였다. 그러나 휴가 기간이라 일주일 후에 출근하라는 말을 듣고 집으로 돌아왔다. 어머니는 아들이 집에 와 있는 며칠 동안은 행복하기만 했다.

객지에 있는 동안 가끔 말썽을 부려 학교나 경찰서에도 여러 번 불려 간 일이 있었다. 어디서 전화만 와도 또 무슨 일을 저지르지 않았나 하고 마음을 조여 왔는데, 집에 있는 동안은 너무 성실하게 생활하였다. 집 안 청소도 하고 동생들까지 보살펴 주니, 한없이 흐뭇하기만 했다. 어머니는 이제야 아들이 철이 좀 드는 것 같아 용돈도 넉넉히 주었다고 한다.

그는 용돈으로 어머니의 흰 모시옷을 사다 드렸다. 이러한 그의 행동으로 보아 사람은 죽기 전에 자신도 모르는 죽음을 암시하는 어떤 행동을 하는 듯싶었다.

어머니는 그가 마지막으로 보여준 성실한 행동이 못내 아쉬운 듯, 아들이 사다 준 선물을 부둥켜안고 단장의 아픔을 토해 내고 있었다.

인간은 자신의 운명을 미리 아는 걸까, 아니면 어떤 절대자의 계시로 움직이는 것일까? 두견은 죽기 전에 가장 구슬피 울고, 인간도 죽음 앞에선 진실해진다는 말이 실감이 났다.

다른 사람의 빈소(殯所)에는 화환과 영정(影幀)이 있어 화려했는데, 그의 빈소는 초라했다. 영정도 하나 없이 황 촛불 두

개만 눈물을 흘리고 있었다. 내 마음은 그를 잃은 슬픔에 잠겼다. 너는 어찌하여 내 기대를 저버리고, 그것도 부족해 부모의 가슴에 묻히려 하는가. 먼 곳을 향해 떠나는 그의 얼굴이라도 떠올리려고 하늘을 보니 둥근 달만 중천에 떠 있다. 달 속에서라도 마지막 모습을 보고픈 심정에 달을 유심히 바라보았다. 그의 모습은 보이지 않았다. 그런데 이게 웬일일까? 달이 구름에 가린 것도 아닌데, 밑부분이 조금씩 검게 변하고 있었다. 아무리 찾으려 해도 보이지 않던 그의 얼굴이 그곳에 있었다.

청춘을 활짝 피워 미력하나마 부모의 어려움을 덜어 드리려 했는데, 죽음으로 인해 스러졌으니, 얼마나 애통한 일인가. 자신의 앞날을 둥근 달처럼 환히 밝히려 했지만, 부모의 가슴에 한으로 서렸으니 어찌 밝게 비출 수가 있겠는가.

그는 달의 밑부분을 침식시켜 불효의 아픔을 나타내려고 한 것 같다.

생각이 여기까지 미치자, 달을 바라보는 내 마음도 착잡했다. 잠시 후 침식된 부분이 사라지자 달은 더욱 밝았다. 달도 밝았으니 이제 너도 이승의 그림자는 지워 버리고, 저승에서나마 밝게 살아 보려무나.

개학해서 학교에 갔다. 교실 빈자리엔 ㅇ군의 모습은 보이지 않고, 그가 살아서 응시했던 기능사 자격증만이 주인을 기다리고 있었다.

(1991.『수필문학』 3월호)

미련 때문에

내가 태어나 자란 곳은 금강 변 두메산골이다. 졸업했던 초등학교는 지금도 벽지에 속하니 산골임이 틀림없다.

초등학교 시절, 라디오에서 어린이 시간에 방송되는 동요를 따라 불렀다. 그것도 많은 사람 앞에서 부른 것이 아니고, 뒷동산에 올라 홀로 소리 높여 불렀다. 마을 사람 모두를 청중으로 생각했던 것일까? 아니면 나의 노래를 들어주는 사람이 없어 그런 것일까?

그곳 나 혼자만의 무대에는 어린이 시간에 방송되던 '누가 누가 잘하나?' 프로에 내가 출연한 것으로 생각하고 ○○초등학교, ○학년 ○반, 최중호입니다. 누가 묻지도 않는 말을 혼자 대답해 놓고 노래를 불렀다.

그렇게 시작된 음악 공부는 중학교 때 입시 과목의 변경으로 국어, 산수, 체육만 가지고 시험을 치르게 되어, 다른 과목은 전혀 관심이 없게 되었다.

음악 시간에는 선생님이 풍금을 치며 노래를 선창하였고, 우리는 따라 부르는 게 고작이었다. 그런 까닭에 음계도 제대로 모른 채 초등학교를 졸업하였다.

중학교에 입학한 후에도, 음악에 대한 기초가 없었기 때문에 자연히 음악 시간은 소홀하게 되었다. 게다가 고등학교 입학시험에도 음악, 미술 등의 과목이 제외된 몇몇 과목만 시험을 봤으니, 음악 공부하고는 점점 멀어지게 되었다.

그러나 이상하게도 음악의 이론이나 음계에 대해서는 잘 모르지만, 우렁이 논두렁 넘어가듯 라디오에서 방송되는 대중가요는 두세 번 들으면 가사만 갖고도 쉽게 부를 수 있었다. 그렇지만 막상 음계를 보면 부를 수 있던 노래도 입이 막혀 부를 수 없으니 이 또한 무슨 까닭일까.

고등학교 3학년 때에는, 방송국 주최 노래자랑에 몰래 출연했다가 담임 선생님으로부터 심한 꾸중을 들은 적도 있었다.

대학에 들어가서도 가수가 되겠다는 꿈은 버리지 않았다. 매주 방송국에서 실시하던 노래자랑에 참여해 단골손님이 되기도 하였다. 예선을 통과하면 시내에 있는 일류 극장의 입장권과 선물을 주었다. 이런 즐거움과 내 목소리가 전파를 타게 된다는 기쁨으로 노래자랑에 계속 참여했다. 그런 생활이 계속되는 동안 어느 방송국에서 신인 가수 선발 노래자랑이 있었다. 서울에서 내려온 작곡가가 심사를 맡는다고 해서 참가했다.

심사 결과는 우수했고, 작곡가가 만나자고 해서 만났다. 그는 서울에 가서 한 달 동안 음악 수업을 받은 후, 노래를 녹음시켜 줄 테니 부모님의 승낙을 받아 오라는 것이다. 막상 그 말을 듣고 보니, 가수가 되는 것이 꿈이었지만, 뜻밖의 제안에 당황할 수밖에 없었다. 생각 끝에 결론을 내렸다.

가수란 20대에서 30대가 전성기였다. 이 10년을 위해 내 인생의 모든 정열을 쏟는다는 것은 어딘지 모르게 아쉽고 서운했다. 만약 노래를 녹음하고 나서 히트되지 않는다면 나의 모든 꿈은 물거품이 되는 것이다. 그리되면 항해 중 좌초된 내 인생의 배는 항로를 어디로 설정해서 항진해야 하는가? 생각이 여기에까지 이르자, 아쉬웠지만 가수의 꿈을 접고 수필을 공부하는 쪽으로 마음을 바꾸게 되었다.

글을 쓴다는 것은 쉬운 일이 아니다. 하지만 글이란 쓰는 사람의 연륜에 따라 더 원숙한 글을 쓸 수 있으리란 막연한 기대감에서였다. 그렇게 끝나버린 음악과 나의 인연은 수필로 이어졌다. 그 후 20년을 수필과 인연을 맺었지만, 아직도 이렇다 할 글을 쓰지 못하고 있다. 항상 아쉬움이 남아 있다.

이따금 들려오는 흘러간 옛 노래를 잊지 못하고 따라 부르는 것은, 아직도 미련이 남아 있기 때문인가.

(1990. 『FM 가족』 6월호)

달지 못한 문패

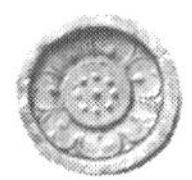

책장 속엔 한석봉의 글씨체로 새긴 문패가 하나 있다. 문설주를 찾지 못해 16년째 그곳에 있는 것이다. 책과 함께 비스듬히 놓여 있는 문패. 석봉체로 된 이름 석 자가 까만 바탕에 흰색 글씨로 양각되어, 어서 걸어 달라 조르듯 나를 바라보고 있다. 문패를 보면 고마운 생각과 함께 떠오르는 두 얼굴이 있다.

신학기가 되어 교실엔 낯선 얼굴들로 가득 차 있다. 서로 초면인지라 교사도 학생도 얼굴을 익히느라 말이 없다. 무슨 특징이라도 찾으려는 듯 말과 행동 하나하나에 신경을 쓴다. 권투 선수가 첫 라운드에서 상대방을 탐색하듯 교사와 학생 간에도 탐색전이 펼쳐지는 것이다.

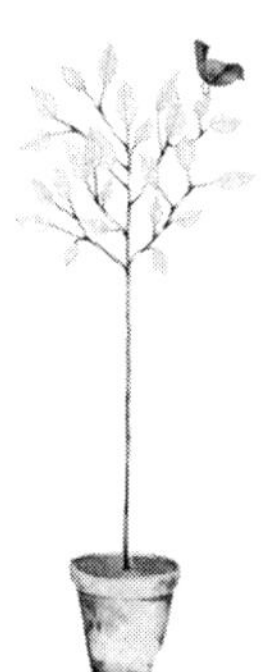

모두가 초면인데 낯익은 얼굴이 하나 있다. 내가 3학년 때 담임을 해 한 달 전에 졸업한 ㅂ군이다. 졸업한 학생이 다시 3학년 교실에 앉아 있다니, 뭔가 잘못된 게 아닌가 하고 그를 다시 쳐다보았다. 분명 ㅂ군이다.

고등학교에 유급 제도는 있으나 출석일 수가 모자란 학생을 제외하고는 아직까지 성적으로 유급되어 졸업을 못한 학생은 본 적이 없다.

ㅂ군도 나를 바라본다. 그런데, 부끄러운 기색은 하나도 없고 오히려 다시 만나 반갑다는 듯 웃고 있다. 도대체 어찌 된 일인지 알 수가 없었다. 궁금했지만 많은 학생 앞에서 주책없이 그의 치부를 드러낼 수 없어 묻지 못하고, 수업이 끝나고 나가면서 조용히 그를 불렀다.

"무슨 이유로 다시 학교에 다니게 되었지?"

그는 대답 대신 웃어 버렸다. 그럴수록 나는 더 답답하기만 했다.

알고 보니 그는 ㅂ군이 아니었다. 일란성 쌍둥이처럼 ㅂ군을 닮은 동생이었던 것이다. 동생의 얼굴에서 한 달 전에 졸업한 ㅂ군의 모습을 다시 볼 수 있었다.

졸업식 날이었다. 교정엔 정들었던 모습들이 하나둘씩 빠져나가고 하얀 밀가루 자국과 휴짓조각들만 널브러져 있다. 조금 전까지만 해도 떠들썩했던 교실엔 주인이 떠나버린 책상과 의자만이 외로움으로 남아 있을 뿐이다.

저녁 무렵 시원섭섭한 마음으로 하숙집에 돌아와 즐겁고 괴로웠던 일들을 생각하고 있는데, 누군가 문을 두드린다.

오늘 졸업한 ㅂ군이다. 졸업식이 끝난 뒤 집에 돌아가지 않고 찾아온 걸 보니 무슨 일이 생긴 모양이다. '혹시 졸업 기분에 들떠 아이들이 술을 마시고 싸우는 것은 아닐까?' 하고 걱정을 하였다.

그는 나의 굳은 표정이 이상했던지, 말없이 나를 쳐다보다가 조심스레 헌 신문지에 싼 물건을 내놓는다. 그제야 나는 안심이 되었다.

신문지에 싼 물건은 생각보다 제법 무거웠다. 무엇일까? 신문지를 풀면서도 그것이 무엇인지 통 짐작할 수가 없었다.

문패였다. 직장 생활을 한 지 얼마 안 되어 집 장만할 생각도 못 한 나에게 문패라니, 너무 뜻밖의 선물이었다. 나도 아직 생각해 보지 못한 문패를 선물하다니….

그가 대견하다는 생각이 들었다.

그는 기능 올림픽에 출전하는 주물 직종의 기능 선수였다. 흙이 도공(陶工)의 손끝에서 모양이 다른 도기가 만들어지듯, 쇠는 그의 손끝에서 다른 모양이 되어 나왔다.

그는 기능 훈련을 하면서, 그동안 갈고 닦은 솜씨로 담임 선생에게 줄 선물을 하나 만들기로 마음먹었다. 무엇이 좋을까, 생각한 끝에 문패로 결정했던 것이다. 지금은 필요 없겠지만 나중에 꼭 필요한 물건이라 생각했기 때문이다.

문패를 만드는 일은 쉽지 않았다. 우선 문패에 새길 글자가 문제였다. 본인은 붓글씨에 자신이 없고, 저명한 서예가를 찾아가 글을 받아 오는 것도 그의 처지로서는 어려운 일이었다. 글자를 구하지 못해 고민하던 어느 날, 시골 장터에서 우연히 한 노인을 발견하게 되었다. 길바닥에 좌판을 늘어놓고 책을 파는 노인이었다. 그곳에서 한석봉의 천자문을 한 권 사게 된 것이다.

천자문에서 내 이름 석 자를 오려 문패 크기만 한 나무토막에 붙였다. 그리고 조각칼로 글자와 테두리 부분만 남기고 새겨 나갔다. 나무를 새기는 일은 힘든 일이었다. 손가락에 물집이 생기면서부터 새기는 속도도 늦어졌지만, 선물을 해야겠다는 즐거움이 어려움을 잊게 하였다.

나무로 깎은 문패를 촉촉한 모래 속에 넣고 다진 후 다시 빼냈다. 모래 속에 손을 넣고 두들겨 두꺼비집을 만들듯, 모래 속엔 문패 모양의 공간이 생긴 것이다.

용광로에 알루미늄을 넣고 불을 댕겼다. 여느 쇠는 쉽게 녹슬기 때문에 알루미늄을 재료로 선택한 것이다. 용광로에선 단단한 알루미늄이 그의 정성으로 녹고 있다.

도공이 불꽃에 따라 요(窯)의 온도를 조절하듯, 그는 용해된 쇳물의 빛깔에 따라 온도를 조절했다. 용해 온도가 맞지 않으면 완성된 제품에 금이 가거나 공기구멍이 생겨 물건으로서의 가치가 상실되기 때문이다.

다져 놓은 모래 속에 조심스레 용해된 쇳물을 붓기 시작했다. 빨간 쇳물은 모래 속으로 빨려 들어가 순식간에 자취를 감춰버렸다.

모래 속으로 들어간 빨간 쇳물의 형체가 궁금해진다. 마술사의 주머니에서 신기한 물건이 나오듯, 빨간 쇳물은 모래 속에서 흰옷으로 갈아입고 고체가 되어 나왔다.

이렇게 만들어진 문패는 다시 거친 부분은 줄로 다듬고, 글씨가 선명하게 돋보이도록 바탕은 검정 페인트를 칠했다. 그는 이러한 복잡한 과정과 정성으로 문패를 만들어 내게 가져온 것이다.

선물이란 물건의 가치에 있는 것이 아니고 주는 사람의 마음에 있는 것이 아닐까. 마음에서 우러나온 선물은 오래 기억

되겠지만 마음이 떠난 선물은 쉽게 잊힐 것이다.

문패를 받은 후, 나는 여러 번 이사를 했다. 그럴 때마다 그의 성의가 고마워 소중히 간직하고 다녔다. 남의 집에 살 때는 주인이 있어 달지 못하고, 지금은 아파트에 살기 때문에 달지 못했다. 비록 달지는 못했지만, 책장 속에 간직하고 있는 문패를 보면 항상 ㅂ군에게 고답다는 생각이 든다.

(1994.『한국수필』 봄호)

박팽년 선생이 주신 원고료

고개를 숙일 수가 없다. 과로한 탓으로 고개를 숙이면 척추가 땅기면서 통증이 온다. 며칠째 참으며 낫기를 기다렸으나, 소용이 없다. 전에도 책을 많이 읽거나 오랫동안 앉아서 글을 쓰게 되면 나타나는 증상이다. 그럴 때마다 아픈 부위를 쑥으로 찜질하여 효과를 보았다. 하지만 이번엔 달랐다. 그렇게 요긴하게 쓰던 쑥 찜질기가 고장이 나서 저절로 낫기를 기다렸지만, 도저히 견딜 수 없었다.

새것을 사기 위해 시내로 나갔다.

의료기 상회에서 쑥 찜질기를 산 후, 버스를 타기 위해 걷는데 통증이 더 심하게 왔다. 등에서 땀이 흘러내릴 정도로 고통이 심해 이대로 집에까지 갈 수가 없다. 근처에 있는 병원이나 한의원을 찾아가 치료하고 가기로 마음먹었다.

마침 주위에 한의원이 있어 그곳으로 갔다. 창구에 접수를 하고 진료 차례가 되어 원장한테로 갔다. 원장은 진료 카드에 적혀 있는 내 이름을 보고 고개를 갸웃거리더니, "혹시 전에 박팽년(朴彭年) 선생에 대한 글을 쓴 적이 없느냐?"고 물었다. 그리고는 "글 속에 나오는 박팽년 선생의 후손이 바로 자신"이라 했다.

원장은 내가 쓴 글을 읽었던 모양이다.

2년 전 '대전엑스포기념사화집 간행위원회'에서 원고 청탁이 온 적이 있었다. 주제는 대전광역시 지정 기념물 제1호인 박팽년 선생의 유허비(遺墟碑)에 대한 글을 써 달라는 것이었다.

우선 글을 쓰기 위해 그곳에 갔다. 이백여 평 되는 널따란 잔디밭에, 옛날에 선생이 사셨다는 집터임을 표시하는 비석(碑石)이 곧 넘어질 듯한 모습으로 서 있다. 비석 하나만 보고 무슨 글을 쓸 수 있단 말인가.

그래 선생에 대한 자료를 수집해서 읽었다. 선생을 위하여 비문(碑文)은 송시열이 짓고, 글씨는 송준길이 썼다고 한다.

선생에 대한 자료를 읽던 중 흥미로운 이야기가 하나 있었다. 단종 복위 사건 때 사육신은 물론 그들의 후손까지 모두 역적으로 몰려 죽임을 당할 때, 선생의 후손 중 한 분이 죽지 않고 살아남은 것이다.

선생의 가족이 모두 화(禍)를 당할 때, 선생의 둘째 며느리 이 씨는 임신한 몸으로 대구 관아의 노비가 되었다. 그 후, 그녀는 몰래 아들을 낳아 여자로 변장시킨 후 친정에서 길렀다. 그 당시 법으로는, 역적의 아내가 아이를 낳게 되면 아들은 죽였고 딸은 노비로 삼게 되었기 때문이다. 그때 태어난 분이 선생의 손자이자, 사육신의 후손 중 유일하게 살아남은 사람인 것이다.

죽음의 고비에서 끈질기게 살아난 선생의 손자를 민들레에 비유하고 싶었다.

민들레는 끈질긴 생명력을 가진 식물이다. 뿌리를 잘라 심어도, 뿌리를 며칠 말렸다가 심어도 싹이 돋는다. 겨울에는 잎이 땅바닥에 착 달라붙어 모진 추위를 이겨내는 강인한 식물이다.

하지만 선생의 유허를 여러 번 찾아가 봤지만, 민들레는 찾을 수 없었다. 이른 봄이라 갈색 잔디가 겨울잠에서 깨어나지 않아 파란 잎을 가진 민들레를 쉽게 찾을 수 있으련만 보이지 않았다. 그러던 어느 날 유허비 바로 옆에서 노란 민들레가 웃고 있었다. 선생의 손자가 어머니 배 속에 숨어 죽음을 피했듯이, 민들레도 어디엔가 숨어서 사람들의 발길을 피했나 보다.

이렇게 해서 「유허(遺墟)에 핀 민들레」란 제목으로 글을 쓰게 되었다.

나의 병은 과로한 탓이란다. 원장은 팔과 등에 침을 놓고, 적외선전구를 등 쪽에 쪼여 주고는 다른 환자를 진료하기 위해 나갔다. 커튼으로 칸막이한 치료실에서 벽 쪽을 바라보고 홀로 앉아 있으니 참선하는 기분이다.

살아가면서 사람들을 만나기도 하고 헤어지기도 했다. 만나고 헤어진 사람들에 대하여 곰곰이 생각해 보았다. 가족이나 직장 동료들처럼 많은 시간을 같이 생활하는 사람들보다, 우연히 만난 사람들에 대하여 생각해 보기로 하였다. 우연히 만난 경우 결과에 따라 의미를 부여하며 그 원인을 거슬러 올라가다 보면, 뜻밖에도 흥미로운 일들이 생길 때가 더러 있었다. 결과는 눈에 보이지 않는 어떤 행위가 이미 이전에 존재했으므로 생기는 것이다.

우연히 만난 것도 그 원인을 상상해 보면 미처 생각지 못한 일들이 벌어져, 만남의 의미를 더욱 실감나게 한다.

사람의 만남과 헤어짐은 먼 세월을 거슬러 올라갈 수도 있고 내려올 수도 있다.

골짜기를 흐르는 물도 처음에는 좁게 흐르지만 흐르면서 다른 골짜기의 물과 합류하기도 하고, 다른 지류로 빠져나가기도 한다. 이렇게 흐르는 물도 생각해 보면 만나고 헤어지는 인간의 관계와 같다는 생각이 들었다.

치료비를 내려고 할 때, 원장이 간호사에게 "최 선생의 치료비는 받지 말라."고 한다. 그러면서 "내일 다시 오라."고 했다.

내가 박팽년 선생에 대한 글을 쓰고, 그 후손이 경영하는 한의원에서 치료를 받게 된 것도 생각해 보면 신기한 일이다.

선생께서는 옛날에 돌아가셔서 나를 만날 수가 없다. 따라서 선생의 영혼이 나를 후손이 경영하는 한의원으로 안내해 주신 것 같다는 생각이 들었다. 선생께서 내가 쓴 글에 대한 원고료를 주신 것은 아닐까?

선생의 도움을 받았는지 치료를 받고 아픈 곳도 조금씩 나아지기 시작했다.

만남과 헤어짐의 원인과 결과가, 어쩌면 서로 무궁무진하게 이어지는 인생의 유전(流轉)에 의한 것은 아닐까. 생과 사가 흐르고 흘러 나는 선생에 대한 글을 쓰고, 선생의 후손은 글을 쓴 사람을 만나 무료로 치료를 해주니, 이 또한 인생의 묘한 법칙이 아닐까?

내일은 치료비 대신 천안 광덕에 가서 호두라도 한 말 사다 드려야겠다.

(1995. 월간 『통일』 8월호)

마음의 잣대

그 여인만 집에 오면 이웃에 사는 아낙들이 몰려왔다. 도회지에서 멀리 떨어진 시골이라, 시장 나들이를 쉽게 할 수 없던 아낙들에겐 비단 장수가 인기였다. 그들은 주로 농촌 생활에 편리한 투박한 옷들만 입었다. 따라서 눈이 부실 정도의 울긋불긋한 비단은 시골 여인들의 마음을 사로잡을 만했다.

이것저것 뒤적이다 마음에 드는 옷감이 있으면, 비단 장수는 대나무로 된 긴 자(尺)로 비단을 필요한 길이만큼 잰 후 잘라 주었다. 그 대나무 자가 내가 처음으로 보았던 자였다.

길이는 자를 이용하여 잰다. 길이를 재기 위한 자는

국제도량형협회(CGPM)에서 지정한 백금-이리듐으로 만든 국제 원기(原器)에 기준을 두고 사용해 왔으나, 그 정확성을 기하기 위해 '미터는 빛이 진공에서 299,792,458분의 1초 동안 진행한 경로의 길이'로 수정하여 사용하고 있다. 따라서 우리가 사용하고 있는 자는 위에서 설명한 길이를 모방하여, 그 용도에 따라 각각 알맞은 모양으로 만들어 사용하고 있다.

물건의 길이는 자로 잴 수가 있다지만, 사람의 마음은 무엇으로 잴 수 있단 말인가?

마음을 가늠할 수 있는 자도 있었으면 좋겠다.

사람은 누구나 자신만이 가진 마음의 기준이 있을 것이다. 그래서 자신이나 상대방의 마음을 가늠해 보고 좋다 나쁘다 말할 수 있는 것이 아닐까? 나는 이러한 기준을 마음의 자라 말하고 싶다. 마음의 자에도 눈금이 새겨져 있는 것 같다. 그래서 자신이 갖고 있는 마음의 자에 눈금을 맞춰 보고 맞으면 좋은 사람이라 하고, 틀리면 나쁜 사람이라 말하는 것은 아닐까?

대부분 사람은 마음의 자로 감춰진 자신의 마음보다 상대방의 마음을 먼저 재 보려 한다. 자신의 마음은 양심이란 그릇에 감춰져 있어 잘 보이지 않지만, 상대방의 마음은 행동이나 말에서 쉽게 보고 들을 수 있기 때문이다.

상대방을 볼 때 가장 위험한 것은 자신이 가진 자가 틀린 눈금을 가지고 있을 때이다. 아무리 상대방이 바른 마음을 가졌다 해도 틀린 눈금의 자로는 정확하게 볼 수가 없다. 항상 자신이 가진 눈금의 오차만큼 차이가 나기 때문이다.

틀린 눈금을 가지고 상대방을 본 적이 있다.

내가 초등학교 때 사용한 자는 대나무로 만든 자였다. 요즈음 아이들이 사용하는 고급스러운 자가 아니라, 대나무를 깎아 만든 자였다. 대나무를 길이 방향으로 자른 후 밑 부분을 평평하게 깎고, 윗면의 마디 부분은 칼로 다듬은 뒤 날카로운 쇠붙이를 불로 달구어 눈금을 새겨 만든 자였다. 따라서 정확한 길이를 재는 것보다는 주로 직선을 긋는 데만 사용하였다.

엉성한 눈금이 새겨진 대나무 자를 사용했음인지, 마음도 기준 없는 눈금을 멋대로 새겨 놓고 있었다.

초등학교에 형님 두 분이 선생님으로 계셨기 때문에 나의 세력은 대단했다. 동급생은 물론 상급생들까지 나의 횡포에 시달려야 했다. 상대방 의사를 무시하고, 모든 걸 내 주장대로만 해 나갔다. 철없던 시절 기준도 없는 마음의 자를 사용했기 때문에 모든 행동이나 마음 씀씀이도 엉터리였다.

중학교 때에는 눈금이 제법 정확히 새겨진 대나무 자를 사용했다. 따라서 웬만한 길이는 제대로 잴 수 있었다. 중학교는 객지에서 다녔기 때문에 아는 사람이나 친구들도 없었다. 따라서 초등학교 때 멋대로 사용했던 마음의 자도 쓸모가 없게 되었다. 내 자를 사용하기보다 친구들이 자를 어떻게 사용하는지 구경만 하였다. 초등학교 때 새겨 놓았던 맞지 않는 마음의 눈금을 지우기로 하였다.

고등학교에서는 대나무 자와 플라스틱 자를 사용했는데, 자에 새겨진 눈금도 거의 정확했다. 이때부터 중학교 때 지워 버렸던 마음의 자에 눈금을 새겨 나갈 준비를 하였다. 그 이유는 대부분 친구의 자를 빌려 사용했지만, 가끔은 내 자도 친구들에게 필요할 때가 있었기 때문이다.

대학 때 사용했던 자 중 가장 흥미가 있었던 자는 삼각 스케일(triangular scale)이다. 지금까지 사용했던 자와는 좀 다른 데가 있었다. 삼각기둥으로 된 자의 각 면에 서로 다른 눈금이 여섯 종류나 새겨져 있었다. 우리가 많이 사용하는 표준 눈금이 있고, 그 표준 눈금에 따라 100분의 1에서 600분의 1까지 줄인 눈금을 표시한 것이다. 따라서 삼각 스케일을 사용하면 길이를 쉽게 늘이고 줄일 수가 있었다. 실제 길이와 차이가 나더라도 축척(縮尺)에 맞춰 그릴 수가 있었다.

상대방과 심한 의견 차이가 있을 때도 삼각 스케일을 이용하면 축척만 다를 뿐 눈금은 거의 일치함을 알았다. 삼각 스케일은 의견이 다른 사람의 마음을 이해하는 데 도움이 되었다. 상대방 의사에 따라 마음을 늘이거나 줄이면 되었기 때문이다.

철없던 시절엔 내 마음의 자(尺)만 소중히 여기며 살아왔다. 세상을 살면서 내 마음속에 있는 자가 얼마나 틀린 눈금을 가졌는지를 알게 되었다. 그 뒤로부터는 내 자의 눈금을 먼저 읽지 않았다. 우선 상대방의 자에다 내 자를 비교해 본 후 마음속으로만 그 차이를 읽었다. 상대방 자가 기준에서 너무 어긋났을 경우에도 눈금은 읽지 않고 삼각 스케일의 축척만 눈여겨볼 뿐이었다. 아직도 내 마음의 자는 눈금을 새기지 못하고 있다. 눈금을 잘못 새기게 되면 사람들에게 피해를 줄 것 같기 때문이다.

내 마음의 자는 삼각 스케일의 축척 중 어느 기준에 속하는 걸까. 차이가 난다면 표준 눈금과는 얼마나 차이가 날까? 내 마음의 자에도 눈금을 새겨넣어야 할 텐데. 양심의 눈금으로 새겨진 마음의 자를 소리 내 읽게 될 날을 기다려 본다.

(1995.『에세이문학』 겨울호)

빈말

남의 말을 잘 믿는 경향이 있다. 그것이 상대방의 인격을 존중하고 말을 신뢰하는 것으로 생각했기 때문이다.

얼마 전 국가의 배려로 3개월간 독일에 가서 공부할 기회가 있었다. 그때 그는 "떠나기 전에 식사나 같이하지?"라고 말을 했다. 지금까지 그를 겪어온 경험으로 봐서 별 기대는 하지 않았지만, 결과는 역시 빈말이었다.

귀국 후, 우연한 기회에 그를 만났다.

"떠나기 전에 식사를 같이한다는 것을 차일피일 미루다가 약속을 지키지 못해 미안하네. 이제 건강하게 돌아왔으니 식사나 같이하지 그래?"

지난번 실언에 대한 사과의 말과 함께 다시 약속을 하는 데는 그의 말을 다시 믿지 않을 수 없었다. 아마 전에는 피치 못할 사정이 있어 약속을 지키지 못한 것으로 생각했다. 하지만 그는 이번에도 약속을 지키지 않았다.

그 후 어느 모임에서 그를 다시 만났다. 이번엔 많은 사람이 보는 앞에서 아주 점잖게 말을 했다.

"내일 저녁에 시간 좀 있나? 있다면 저녁 식사는 나와 함께 하는 거야. 그러니 다른 약속은 하지 말게." 이번엔 한술 더 떠서 지난번 약속은 내가 지키지 않아 파기된 것처럼 천연덕스럽게 말을 했다.

평소에도 그가 신용이 없다는 것은 알았지만, 그렇게까지 말을 하는데 믿지 않을 수 없었다.

이튿날, 출근하면서 아내한테 "저녁 식사는 밖에서 하고 들어온다."고 말을 했다. 하지만 퇴근 시간이 다 되어도 그에게선 아무런 연락이 없었다. 사무실에서 더 기다릴 수도 없고 그렇다고 일찍 집으로 돌아갈 수도 없는 처지였다. 연락이 올까 하고 기다리다가, 결국은 아내의 잔소리만 들으며 집에서 식사를 했다. 역시 실없이 한 빈말이었다.

그는 이렇게 실천할 의사도 없는 빈말을 자주 했지만, 그때마다 나는 그 말이 진실일 것이라 믿었다.

빈말을 자주 하는 사람들은 무슨 생각으로 무책임한 말을 서슴지 않고 하는 걸까?

신용(信用)이란 말의 믿을 신(信)자는, 사람(人)이 하는 말(言)을 뜻하고 있다. 따라서 자신의 말을 상대방이 믿지 않는다면, 그 말이 무슨 의미가 있단 말인가? 빈말을 잘하는 사람들은 처음 만나는 사람들에게만 자신의 말이 잘 통한다는 사실을 알고 있을까? 사람마다 제각기 갖고 있는 신용을 언행일치의 여부로 가늠해 본다면 지나친 비약일까?

'그 사람은 믿을 수 있다. 그는 믿을 만한 사람이다.'라고 말할 수 있는 것은 그 사람의 말과 행동을 지켜본 후에, 언행(言行)이 일치하는 사람에게 붙일 수 있는 말일 것이다. 사람은 누구나 신용 있는 사람으로 평가받길 원할 것이다. 하지만 본인은 신용이 있다고 생각할지라도 상대방이 신용이 없는 사람이라 생각한다면 어떻게 할 것인가. 우리는 말과 행동이 서로 다른 사람을 신용이 없는 사람 또는 실없는 사람이라 말한다.

그런 사람들을 만나게 되면 도산 안창호 선생의 일화가 생각난다.

안창호 선생이 중국 상하이에서 독립운동을 할 때, 우리 교포의 아들에게 소년단 기금을 주겠다고 약속한 적이 있었다. 하지만 공교롭게도 약속한 날, 윤봉길 의사가 홍커우 공원에서 폭탄을 던져 거리엔 삼엄한 비상 경계령이 선포되었다. 이에 동지들은 선생께 나라의 큰일을 위해 어린이와의 작은 약속은 지키지 않아도 된다고 간곡히 만류했다. 하지만 선생은 “내가 어린이와의 약속을 지키지 않는다면, 그 아이가 어른들은 약속을 지키지 않는 사람이라 생각할 것이 두려워 약속을 지켜야 한다.”며 교포의 집으로 가다가 결국 일본 헌병들한테 체포되고 말았다. 선생은 자신이 체포될 것을 알면서도 약속의 소중함을 어린이에게 일깨워 주기 위해 만나러 간 것이다.

내가 상대방의 말이 거짓인 줄 알면서도 믿고 따르는 이유는, 상대방의 인격을 존중하고 그의 말을 신뢰했기 때문이다. 그리고 다른 하나는 자신의 말을 믿고 따라주면 다음에는 빈말을 하지 않겠지 하는 마음에서 그랬다. 하지만 그것은 나 혼자만의 생각으로 끝날 때가 많았다. 이렇게 빈말을 믿고 생활하다 보면 어딘지 모르게 손해를 본 것 같은 느낌이 들 때도 있다. 그럴 때면 그 사람을 신뢰했던 마음도 조금씩 허물어져 갔다. 이런 일들이 잦아지면 내가 정말 모자란 사람은 아닌가 하는 생각이 든다.

그렇다고 농담과 진담도 구분하지 못하지는 않는다. 가끔은 농담도 하고 상대방이 하는 농담도 잘 받아넘길 줄도 안다.

하지만, 약속하는 것처럼 이야기하는 데는 속는 줄 알면서도 믿을 수밖에 도리가 없다.

갑작스레 표정을 바꾸거나 쉽게 태도를 바꾸지 못하는 성격이라 그런가 보다. 가끔 사람들은 나를 보고 고지식한 사람, 융통성 없는 사람이라 말할 때도 있다.

그에게서 다시 전화가 왔다.

그가 빈말을 자주 하는 걸 보면 아무래도 내가 어리석긴 어리석은 모양이다.

(1999. 『수필춘추』 여름호)

5부

한심한 아빠

외로움이 밀리는 나루터

사제동행

한심한 아빠

숨바꼭질

심야에 울린 전화벨

창을 열며

맹종죽(孟宗竹)

경이원지(敬而遠之)

무적해병의 신화와 애기봉 유래

외로움이 밀리는 나루터

땅거미가 지자 호롱불을 든 사람들이 나루터에 모였다. 시장에 간 가족을 마중하기 위해 나온 사람들이다. 그곳에 모인 사람들의 시선은 강 하류 쪽에 가 있다. 모두가 상류 쪽으로 올라오는 배의 불빛이 있는지 살피고 있다. 불빛이 보이지 않자 통통배의 기관 소리라도 들리지 않을까 귀를 모았다.

강 하류 어귀 쪽에서 기다란 불빛이 비쳤다. 숨죽이며 가족을 기다리던 사람들이 활기를 띠면서 나루터가 술렁이기 시작했다. 사람들의 시선은 계속해서 불빛의 움직임을 놓치지 않고 관찰했다. 아무리 쳐다봐도 강을 거슬러 오르는 불빛이 아니고 주변을 배회하는 불빛이었다.

누군가 실망한 듯 “고깃밴가 보다.”라고 중얼거렸다.

불빛을 좇던 사람들의 시선이 이내 뿔뿔이 흩어지고, 그동안 멈추었던 이야기를 다시 이어갔다. 어른들은 돌아오는 배에 대한 관심보다 나누는 이야기에 신경을 쓰는 데 반해, 아이들은 배의 불빛이 나타나기만 기다렸다.

얼마 동안 시간이 흘렀다. 멀리서 새로운 불빛이 물 위쪽으로 뻗치면서 통통배의 기관 소리가 나지막이 들린다. 시끄럽던 나루터가 조용해졌다. 다시 사람들의 시선은 하류 쪽으로 쏠렸다.

통통거리는 소리가 점점 가깝게 들리자, 이번엔 조용했던 아이들이 소리를 지르며 좋아했다.

어둠 속에서 배의 형체가 조금씩 드러나면서부터 배에 탄 사람들과 마중 나온 사람들 사이에 대화가 시작된다. "○○야, 응. 엄마야." 대개 배 안에서 아이를 부르는 사람은 성질이 급한 부인들이고, 대답하는 것은 엄마를 기다리던 아이들이었다.

어른들은 시장에서 사 온 무거운 물건을 운반하기 위해 지게를 지고 나왔으나, 아이들은 시장에 간 엄마나 아빠를 마중하기 위해 나온 것이다. 배가 뭍에 닿자마자 가족 찾는 소리가 나루터를 한동안 시끌벅적하게 한다. 그렇게 어둡고 시끄러워도 자기 가족들은 용케 찾아서 집으로 돌아갔다.

배에 탔던 사람들이 모두 내린 뒤 제일 늦게 내리는 사람은 뱃사공이었다. 뱃사공이 배에서 내린 후에도 아직 배 안에 사람이 있나 하고 어둠 속을 유심히 살펴보았다. 나는 용기가 없어 뱃사공에게 "우리 엄마는 배에 타지 않았느냐?" 묻지도 못하고, 우두커니 서서 어둠 속으로 사라져 가는 뱃사공의 뒷모습만 안타깝게 바라보았다.

사람들이 나루터에서 모두 떠난 뒤 강가에 홀로 앉아 있기가 무서워, 터벅터벅 걸어서 집으로 돌아오곤 하였다.

집에서 강경까지는 12km의 거리였다. '엄마는 배를 타지 못했으니 걸어오실 것이다. 집에 가도 엄마가 오시지 않았을 텐데,' 하고 생각하면 배를 타고 오시지 않은 엄마가 밉기도 했다.

집에 돌아와서도 사립문 여는 소리가 들리지 않나 하며, 귀를 열고 엄마를 기다렸다.

엄마는 밤이 이슥해서야 오셨다. 애타게 기다렸던 나는 엄마 곁에 바짝 달라붙어 장에서 사 가지고 온 물건 꾸러미들을 하나둘 풀어보았다. 그 속에 나의 바람인 눈깔사탕이 묶여 있었기 때문이다.

돌이켜 보면 어머니는 뱃삯을 한 푼이라도 아끼려고, 일부러 배를 타지 않고 먼 길을 걸어오셨다. 그런 이유를 몰랐던 나는 나루터에서 어머니를 애타게 기다렸고, 어둠 속에 밀려오는 외로움을 홀로 느껴야 했다.

지금은 고향에 가도 나루터에 마중을 나와 기다리는 사람이 없다. 보이지 않는 나룻배 대신 하루에 몇 차례 오고 가는 시골 버스가 다닐 뿐이다. 하지만 그때의 외로움은 아직도 내 가슴에 짙게 남아 강물을 따라 흐르고 있다.

(1998.『수필문학』 9월호)

사제동행

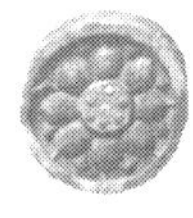

20여 년 전 천안에 있는 ㅊ공고에서 근무할 때의 일이다.

경남 온산에 있는 ㅍ금속에서 취업생을 모집한다는 공문이 왔다. 면접 후 취업할 학생들을 선발하기 때문에, 3학년에서 학생 20명을 선발하여 온산으로 가게 되었다.

면접은 오후 2시에 온산에 있는 ㅍ금속에서 실시한다고 했다. 하지만 천안에서 온산까지는 거리가 너무 멀었다. '어떻게 가야 할까?' 하고 학생들과 의논한 끝에, 천안역에서 밤 11시 26분에 출발하는 완행열차를 타고 가기로 하였다.

열차는 어둠을 뚫고 새벽을 향해 열심히 달렸다. 하지

만 완행열차라 역마다 서야 했기 때문에 시간이 오래 걸렸다. 6시간이나 걸려 대구에 도착한 것이 새벽 5시 10분이었다. 너무 이른 시간이라 출발하는 버스가 없었다. 터미널에서 온산으로 가는 첫차를 기다려야 했다.

잠을 못 자서 눈을 깜박일 때마다 눈꺼풀은 납덩이를 매달아 놓은 것처럼 무겁기만 했다. 대구에서 온산까지 가는 데 걸리는 시간을 계산해 보았다. 첫차를 타고 가면 면접하기 전까지 시간이 너무 많이 남을 것 같았다. 남는 시간을 어떻게 해야 할까? 이런 기회에 학생들을 데리고 여행을 하는 것도 괜찮을 것 같아 학생들에게 물어보았다.

"경주 불국사를 가 본 사람이 있는가?" 두 명의 학생만 가봤다고 대답할 뿐, 나머지 학생들은 가본 적이 없다고 하였다. 그래 불국사를 거쳐서 온산에 가기로 하였다. 이제 취업 인솔 교사에서 수학여행 인솔 교사가 되어 불국사로 갔다.

그들은 천 년 사찰 불국사를 한 곳이라도 더 보려고 두리번거리며 따라 다녔다. 그들의 호기심 넘치는 눈망울을 보면서 불국사에 오기를 잘했다는 생각이 들었다. 그렇게 해서 경주에서의 수학여행은 아침 식사를 끝으로 하고, 목적지인 온산으로 향했다.

ㅍ금속에서 면접을 마치고 천안으로 돌아가려 할 때, 그곳

에 근무하고 있던 ㅊ공고 제자들이 달려왔다. 멀리 천안에서 선생님과 후배들이 왔다는 소식을 듣고 달려온 것이다. 그들은 ㅍ금속이 창립될 때부터 이곳에서 근무를 했다. 교통이 불편했던 시절 온산에서 고향집은 너무 멀었다. 따라서 주말에는 고향을 찾을 생각도 못 했다. 고향에는 일 년에 한두 번밖에 갈 수가 없어 외롭게 생활하는 처지였다. 그러한 처지에 학교에서 온 후배와 선생님은 그들에게 너무 반가운 사람들이었다.

그들은 직속 상사인 노무과장까지 모시고 나와 가지 말라고 잡는다. 시집간 딸을 찾아간 친정어머니의 심정이랄까? 보이지 않게 이어진 따뜻한 정을 차마 끊고 돌아설 수가 없어, 울산에서 하룻밤을 지내기로 하였다.

퇴근 후 노무과장과 제자들이 여관으로 찾아와 저녁 식사를 하러 가자 한다. 식사 후 두 명의 제자는 후배들을 데리고 여관으로 갔고, 노무과장과 나는 다른 제자들과 함께 술집으로 갔다.

그곳은 맥주를 파는 집이었다. 술은 못하지만 그리움의 꽃망울이 반가움으로 꽃 피는 그런 자리였기에 별 부담 없이 들어갔다. 술잔이 돌기 시작했다. 첫째 잔은 체면을 차리느라 기분 좋게 마셨다. 이윽고 술을 한 잔 마신 노무과장이 마이크를 잡고 흥에 겨워 노래를 시작한다. 그리고는 자리에 와 다시 술을 마셨다.

난생처음 보는 술잔이 나왔다. 하지만 무슨 놈의 잔이 이렇게 생겼단 말인가? 그 잔은 조금 전까지 담뱃재를 털었던 재떨이였다. 노무과장이 재떨이에 술을 따르더니 자신이 먼저 그 술을 마신 후, 돌려가며 술을 권하는 것이 아닌가. 분위기 좋고 흥도 무르익다 보면 재떨이 따위가 무슨 상관이 있으랴? 기분이 좋아 다시 한 잔 마셨다. 노래가 시작된다. 혀 꼬부라진 소리로 음치의 삼대 조건을 갖춘 청중, 박자, 가사를 무시한 가락이다.

노무과장은 다시 술잔을 돌리기 시작했다. 이번엔 상상조차 어려운 술잔이 나왔다. 갑자기 자신이 신고 있는 구두를 벗더니, 그곳에다 맥주를 가득 따르는 것이 아닌가? 그리고는 일명 '구두 술'이라며 마셨다.

구두 술잔이 사람을 따라 돌기 시작했다. 내 차례가 되었다. 그 술은 도저히 마실 수가 없었다. 하지만 흥겨운 분위기를 깰 수는 없었다. 지독한 냄새를 샤넬 향기쯤으로 생각하며 조금씩 마셨다. 술자리가 거의 끝나갈 무렵, 다리는 비틀거렸고 배 속도 메스꺼웠다. 그걸 눈치챈 제자들이 나를 부축해 여관으로 데려다주었다.

그때 내 몸은 정상이 아니었다. 몸과 마음이 따로 움직였지만, 제일 큰 문제는 배 속이었다. 도저히 참을 수 없었다. 마시지 못하는 맥주를 기분껏 마셨고, 술잔도 유리잔과 재떨이, 그리고 구두까지 바꿔가며 마신 게 탈이었다. 더는 버티기가 힘들었다. 참으려 해도 마신 술이 거꾸로 나오려는 것을 어찌하랴. 드디어 입이 벌어졌다. 배 속에서 식도를 통해 입으로 역류해 나오는 유체의 속도는 도저히 막을 수가 없었다. 순식간 여관 복도가 오물로 뒤범벅이 되어버렸다. 모든 걸 쏟고 나니 배 속도 편하고 정신도 멀쩡해졌다. 하지만, 몸이 말을 듣지 않는다. 어찌할 바를 모르고 힘없이 비틀거릴 때, 방문이 열리면서 한 학생이 화장실을 가는 게 아닌가. 반가웠다. 염치없는 일이지만 그에게 사정을 했다.

"내가 힘이 없어 그러니, 이것 좀 치워 줄 수 있겠니?" 하고 부탁을 했더니, "예 알았습니다." 하고는 화장실로 달려갔다.

그 학생에겐 부끄럽고 미안했지만 이제 안심이 되었다. '화장실로 청소 용구를 가지러 갔으니, 이젠 곧 깨끗해지겠지.'라고 생각하며 마음 놓고 방으로 들어가 잤다.

하지만 '썩어도 준치'란 말이 있지 않은가? 교사로서의 책임을 느껴 새벽에 일찍 일어났다. 어젯밤 복도에 남긴 오물이 마음에 걸렸기 때문이다.

방문을 여는 순간 지독한 냄새가 코를 찌른다. 내게서 나온 것이지만 냄새가 이렇게 지독할 줄은 몰랐다. 냄새는 코를 찌르고도 모자라서 다시 배 속까지 울렁이게 했다. 하지만 학생들이 일어나기 전에 치워야 했기 때문에 그런 고통쯤은 참아야 했다. 여관 복도는 언제 그런 일이 있었냐는 듯 깨끗해졌지만, 공기 중에 남아 있는 냄새는 어찌할 수 없었다. 이제 어젯밤 현장을 목격한 학생을 제외하고는 모든 것이 비밀로 묻혀 버렸다.

돌아오는 열차에서 궁금한 것이 하나 있어, "어젯밤 늦게 화장실에 간 학생이 누구지?" 하고 물었다. 한 학생이 큰 잘못이나 저지른 것처럼 고개를 숙이고 있었다. 이때 다른 학생이, "지난밤 선배 두 명이 여관으로 맥주 한 상자를 들고 와서는 반갑다며 함께 마셨다." 고 했다. '내가 여관에 있었더라면 술까지는 마시지 않았을 텐데' 다른 제자들과 어울리는 사이 그렇게 된 것이다.

고등학교 시절 수학여행 등 단체 활동을 할 때는, 누구나 한번쯤은 규칙을 어겨 보고 싶은 충동이 일기 마련이다. 내가 없는 사이에 선후배가 어울려 여관에서 맥주 파티를 벌였던 것이다. 그때 맥주 한 상자를 다 해치운 것이다. 그들 중에는 나처럼 술을 마시지 못하는 학생도 있었던 모양이다. 내가 밤

늦게 여관으로 돌아왔을 때, 술을 마시지 못하는 학생이 속이 울렁거리는 것을 참지 못해, 화장실로 가다가 나를 만난 것이다. 그는 술 마신 것을 선생한테 들킬까 봐 인사도 하는 둥 마는 둥 하면서, 내가 부탁한 것도 건성으로 듣고 대답만 했던 것이다.

그는 자신의 처지도 급한데 선생의 말이 들리기나 했을까. 화장실에 가서 자신의 급한 일을 처리한 후, 선생의 부탁은 새벽으로 미룬 채 늦잠을 잤던 것이다.

궁금했던 생각이 풀렸다. 하지만 이 사건은 선생과 제자가 온산까지 같이 갔으니 사제동행(師弟同行)이요, 그 선생에 그 제자가 되었으니 사전제전(師傳弟傳)이 아닌가?

(2001.『수필예술』 제22호)

한심한 아빠

중학교에 다니는 딸아이가 내 생일 선물로 휴대폰을 하나 사 왔다. 왜 휴대폰을 사 왔을까?

제 딴에는 아빠가 차를 타고 선열들의 묘소를 참배하기 위해 산골짜기까지 다니기 때문에, 휴대폰이 필요할 것으로 생각했나 보다.

딸아이는 학교 수업이 끝나는 대로 내가 근무하는 직장으로 와서, 책가방을 맡겨 놓고 학원으로 갔다. 책가방이 무거워 그것을 학원까지 가져가는 것이 불편해서 그랬다.

그러던 어느 날, 전에 같이 근무했던 선생님이 부친상을 당해 퇴근길에 문상을 하러 갔다. 그곳에서 오랜만에 만난 선생님들과 담소를 하다가 어울려 고스톱까지 치게 되었다. 한 판 두 판 판수가 늘어 갈수록 타락한 신선들의 놀음은 시간 가는 줄 모르게 했다. 처음엔 조금 치다가 일어서려 했지만, 분위기를 깨는 것 같아 그리하지 못했다. 결국, 이튿날 아침까지 그곳에서 머물게 되었다. 그렇게 시간을 보내고도 아쉬움이 남았는지 조금 더 치자는 것을 출근해야 한다며 도망치듯 자리를 빠져나왔다.

집으로 돌아와 현관문을 열었다. 하지만 왠지 집 안 분위기가 썰렁하고 가족들의 표정이 어색하다. 여느 때 같으면 아이들이 뛰어나와 "아빠 오셨어요?" 하고 인사를 할 텐데, 오늘은 조용하다. '왜들 저럴까?' 아이들도 아무 말 없이 서로 눈치만 보며, 마치 내가 무슨 큰 잘못이나 저지른 것처럼 원망의 눈초리로 쳐다본다.

이때 딸아이가 가방을 달라 한다. '저 애가 왜 나더러 가방을 달라 할까?'

무슨 일에 몰두하다 보면 지나간 일들을 잊어버릴 때가 있다.

어제 딸아이는 아빠한테 책가방을 맡겨 놓고 학원에 갔다. 집에 돌아온 딸아이는 당연히 집에 있어야 할 아빠가 보이지 않자 당황했다. 숙제를 해야 하는데 책과 노트가 없다. 애는 탔지만 뾰족한 수가 없었다. 아내가 딸아이의 걱정을 해결할 요량으로 여기저기 나의 소재 파악에 나섰으나 알 수가 없었다.

저녁에 상가에 들러 문상을 하고 들어온다는 말은 들었지만, 자세한 이야기를 듣지 못했기 때문이다. 나의 소재를 찾는다는 것은 망망대해에서 떠 있는 뗏목을 찾는 격이었다. 교원 명부를 펴놓고 같이 근무하는 선생님들 댁으로 전화를 해 봤으나 알지 못했다. 아내와 딸아이는 이때나 올까 저 때나 올까 하고 애타게 기다리다가, 뜬눈으로 밤을 새웠던 것이다.

학교에 갈 시간은 다가오는데 아빠는 오지 않았다. 등교하려 해도 책가방이 없어 속수무책으로 속만 태웠다.

이때 아빠가 미안해하는 기색도 없이 들어왔으니, 모두 멍하니 나를 바라볼 수밖에. 그런 사연을 모르는 나는 가족들이 왜 원망의 눈초리로 나를 쳐다볼까? 하고, 오히려 이상하게 생각하였다.

이때 속이 탈대로 탄 아내가, “애 가방이나 집에다 놓고 나갔어야, 식구들이 애를 태우지 않지요.” “가방은 무슨 가방?”

그때야 비로소 딸아이의 가방이 내 차 안에 있다는 것을 알았다.

그 뒤로 딸아이는 내게 가방을 맡기지 않고 학원으로 갔다.

세월이 흘러 이제 그 아이가 대학생이 되어 객지 생활을 하게 되었다. 주말에 딸아이가 오면 휴대폰을 하나 사줘야겠다.

(2001.『수필예술』 제22호)

숨바꼭질

대부분 부모는 자식이 잘되기를 바라며 세월을 보낸다. 따라서 자식을 위한 일이라면 어떠한 희생도 마다하지 않는다.

하지만 그렇지 않은 부모도 있다.

한때는 아들이 말을 듣지 않아 부모의 속을 태우더니, 이번엔 부모가 자식의 애를 태우고 있다. 부전자전, 모전여전이란 말처럼 그 부모에 그 자식이란 말이 실감이 났다.

ㅂ군의 경우가 그랬다.

어머니는 가정과 자식밖에 모르는 성실한 여자라고 했다. 하지만 아버지가 젊은 여자와 동거 생활을 시작하면서부터 어머니의 마음도 조금씩 변해가기 시작했다.

사랑에 눈이 먼 아버지는 다른 여자와의 동거 사실이 이웃에 소문이 나자, 사람들의 이목을 피해 몰래 다른 곳으로 도망갈 준비를 했다. 이를 눈치챈 어머니가 아들을 데리고 남편과 동거하고 있는 젊은 여자를 찾아가 폭행을 한 것이다. 이에 아버지는 젊은 여자의 편을 들면서 어머니를 때리기 시작했다. 그는 어머니가 맞고 있는 걸 보자 화가 머리끝까지 올랐다. 그는 순간 이성을 잃어버렸다. 어머니를 때리는 낯선 남자를 홧김에 발로 걷어찼다. 낯선 남자가 쓰러졌다. 그는 아버지한테 맞고 쓰러져 있던 어머니를 울면서 부축해 일으켰다. 그리고 정신을 차리고 보니 옆에 쓰러져 있던 낯선 남자는 다른 사람이 아닌 술에 취한 아버지였다.

부자(父子)간의 윤리도 이성을 잃거나, 눈먼 사랑 앞엔 아무 소용이 없는 모양이다. 아버지는 비틀거리며 아들을 고소하겠다고 소리쳤다. 아들이 무릎을 꿇고 용서해 달라 빌어도 아버지는 막무가내였다. 이번엔 어머니가, "아들을 고소하면 당신을 간통죄로 집어넣겠다."고 하였다.

그날 밤, 늦게 집으로 돌아온 아버지는 문을 열어주지 않자, "문을 열라."며 밖에서 으름장을 놓았다. 그래도 문을 열어주지 않자 아들을 "고소하겠다."며 소리치고 돌아갔다.

아버지와 어머니의 문제가 쉽게 풀릴 것 같지 않자, 그는 걱정이 태산 같았다. 아버지와 어머니가 이렇게 서로 다투고 있는 사이, 누나까지 부모에게 불만을 품고 가출해 버린 것이다. 그는 "자신이 고아나 다름이 없다."는 것이었다. 그의 심정을 이해할 수 있었다.

그러한 환경에서도 그는 결석은 하지 않았다. 그래 그를 볼 때마다 연민의 정을 느껴 용기를 잃지 않도록 계속 격려해 주었다.

그러던 어느 날 그에게서 전화가 왔다. "학교에 가지 못하고 법원으로 출두해야 한다."는 것이다.

그 뒤로 그는 계속해서 학교에 나오질 않았다.

그의 아버지와 어머니는 결혼식장에서 굳게 맹세했던 혼인서약을 저버리고 이혼을 했다. 하지만 그는 어머니만 믿고 따르며 즐겁게 생활하게 되었다. 가정이 평온해지자 가출했던 누나도 집으로 돌아와 집안일을 도왔다.

그의 어머니는 당구장을 운영하고 있었다. 따라서 낮에는 어머니와 누나가 그곳에서 일했고, 저녁에는 그가 일했다.

모처럼 행복한 생활도 누군가 시샘을 하는 모양이다.

그의 얼굴이 점점 까칠해졌고 표정도 다시 어두워졌다.

“요즈음은 어머니 때문에 잠을 못 잔다.”는 것이다.

하루는 어머니가 한 남자를 데리고 와서 “앞으로 어머니와 결혼 할 사람이라.”며 소개를 했단다. 그는 어이가 없었다. “한동안 어머니만 믿고 행복하게 지내왔는데….” 하고 눈물을 흘리며 말을 잇지 못했다. 그는 “어머니가 아버지와 이혼을 한 지 채 5개월도 되지 않아 다시 결혼한다.”는 것이다. 그는 어머니를 이해할 수 없었다. 믿었던 어머니마저 그를 실망케 한 것이다.

그는 다시 방황하기 시작하였다. 그가 혼자 감당하기엔 너무 벅찬 현실이었다. 그를 어떻게 위로해야 할지 모르겠다.

‘어느 마을에 홀어머니와 아들이 살고 있었다. 어머니는 아들이 잠이 들면 어디론가 나가곤 하였다. 어느 겨울 눈보라가 매섭게 치는 밤에도 어머니는 집을 나갔다. 이를 궁금하게 생각한 아들이 몰래 어머니의 뒤를 밟기 시작했다. 얼마를 따라갔을까? 시냇가에 이르자 어머니는 버선을 벗고 치마를 걷어 올린 후, 추위를 무릅쓰고 시내를 건너 어느 홀아비 집으로 들어가는 것이 아닌가. 아들은 이미 성장했던지라 어머니의 외로운 심정을 이해하고, 그날 밤 어머니를 위해 징검다리를 놓아 드렸다. 새벽에 돌아오시는 어머니가 춥지 않게 시내를 건널 수 있도록 해 주었다’는 어느 효자의 전설이 생각이 났다.

하지만 그런 생각을 하기엔 그의 나이가 너무 어리지 않은가.

아들 몰래 새벽에 돌아온 어머니는 얼굴이 핼쑥해진 아들의 얼굴을 보면, 무슨 생각을 할까?

어머니와 아들의 숨바꼭질은 이렇게 계속되고 있었다.

(2003. 『수필문학』 11월호)

심야에 울린 전화벨

서민 아파트의 여름밤은 쉽게 잠들기에는 너무 덥다.

선풍기를 이용해 더위를 몰아내지만, 그도 역시 임시방편일 뿐 소용이 없었다.

토요일이라 일찍 퇴근했다. 일주일 동안 쌓였던 피로가 한꺼번에 밀려오는 것 같다. 일찍 잠자리에 누웠지만, 쉽게 잠이 오지 않았다. 오지 않는 잠을 억지로 청하다가 결국 TV의 '주말의 명화'까지 시청하였다. 그 후에도 잠은 오지 않았다.

어느 결에 잠이 들었는데 전화벨이 울린다.

"따르릉, 따르릉."

계속해서 울렸다. 잠결에 일어나 수화기를 드니 무뚝

뚝한 남자의 목소리가 들린다. 파출소라며 우리집 전화번호를 확인한 후, 나를 찾는다. 잠결에 전화를 받다가 내 이름을 대며 바꿔 달라고 하는 바람에 정신이 번쩍 들었다. 파출소에서 나를 찾을 일이 없는데, "무슨 일이냐?"고 물었다.

그 반 학생이 싸우다가 파출소에 끌려 왔으니 학생을 데려가라 한다. 심야에 걸려 온 전화에 깜짝 놀라 정신이 들었는데 그 소리를 들으니 힘이 쭉 빠져 버린다.

학생이 누구냐고 물었더니 ㄱ군이라 한다. ㄱ군이라면 학교에서의 생활도 그리 모범적이랄 수 없는 편이라, 나한테도 주의를 받아 온 학생이다. 그래 그의 아버지도 몇 번 학교에 온 적이 있었다.

ㄱ군은 집이 대전 시내인데 이 밤에 담임한테 데려가라면, 어떻게 하란 말인가? 이해가 가질 않았다. 학생의 집이 시외거나 자취를 하고 있다면 당연히 내가 데려와야 하지만 그는 사정이 달랐다. 그래 부모한테 연락하는 것이 좋을 것 같아, 부모한테 연락하라고 했다. 상대방은 불쾌한 말투를 남기고 전화를 끊었다.

밤길을 걷다 발을 잘못 디뎌 시궁창에 빠진 기분이다. 다시 잠을 청해 봤지만 잠이 올 리 없다.

잠시 후 학교의 숙직 교사한테서 전화가 왔다. 파출소에서 학교로 전화를 해서, 사고를 일으킨 학생을 담임 선생이 데려가길 거부하니, 교장, 교감 선생님의 전화번호를 알려 달라고 했단다. 숙직 교사는 일을 크게 벌이지 말고 담임선생이 데려갔으면 좋겠다고 했다.

소견이 좁은 나로선 내가 간다 해도 결국은 ㄱ군의 집으로 연락해 그의 부모한테 데려가라고 하는 방법밖에 도리가 없었다.

막상 시내로 나가려 하니 걱정이 앞선다. 자정이 넘은 시간이라 집 근처에는 택시가 없고, 택시를 타기 위해선 큰길까지 2km 정도를 걸어가야 했다.

그렇지 않아도 요즈음 떼강도 사건이 많아 시끄럽고, 그들은 상대방에게 중상 또는 사망에 이르기까지 피해를 주니, 나가고 싶은 마음이 쉽게 들지 않았다.

그때 생각 난 것이 ㅂ선생이다. ㅂ선생은 차가 있어 그에게 연락하면 안전하게 시내까지 갈 수가 있을 것이란 생각이 들었다. ㅂ선생한테 사정해 보기로 하였다.

전화를 걸려고 수화기를 드니 미안한 생각이 들어 다이얼에 손이 가질 않는다. 잠시 망설이다가 천천히 다이얼을 돌렸다. ㅂ선생은 신호가 몇 차례 간 뒤에야 잠이 덜 깬 음성으로 전화를 받았다. 사정을 이야기하니 흔쾌히 승낙했다.

파출소에 갔다. 파출소의 현판은 길을 오가며 많이 봤지만 들어가 보기는 이번이 처음이다.

문을 열고 들어가니 입술에서 피가 흐르고 옷에 피가 묻어 있는 사람이 보였다. 보아하니 ㄱ군과 같이 싸운 사람인 것 같다. 그의 얼굴을 보니 ㄱ군보다는 훨씬 나이가 들어 보였다. 그러나 ㄱ군은 보이질 않았다. 파출소 안을 두리번거릴 때, 방범대원이 "어떻게 왔느냐?"고 물었다. "ㄱ군의 담임"이라 하니 사건의 내용을 설명해 준다.

네 명이 한 사람을 때렸고 싸움을 말리는 여자까지 발로 찼다고 한다. 피해자는 ㄱ군과 중학교 동창으로 평소에도 서로 사이가 나빴다고 한다. 피해자는 큰 부상은 없고 입술이 터졌을 뿐이었다.

담당 경찰관이 ㄱ군을 데려가라 한다. 큰 사건이라 생각해서 호출한 것으로 알고 걱정하며 왔는데 허탈하기만 했다. 이렇게 할 바엔 훈방 조치를 할 것이지 왜, 새벽에 잠자는 사람을 불러 놓고 데려가란 말뿐인가.

한동안 어이가 없어 멍청히 서 있다가 ㄱ군에게 물었다. "사소한 일이라면 집으로 연락할 것이지, 왜 나한테까지 연락을 했느냐?"고 했더니, 경찰관한테 집 전화번호를 알려줘도 굳이 담임 선생님한테만 전화를 걸더라는 것이다.

학생 지도를 잘못한 책임이 담임에게 있다는 것을 경찰이 알았나 보다. 그래 부모보다 학생을 잘못 지도한 담임이 더 보고 싶었던 모양이다.

허탈한 마음으로 파출소 문을 나서니, 싸늘한 밤 기온이 어깨를 감싼다. 아직도 어두운 하늘엔 별들의 대화가 이어지는 이른 새벽이다.

(1990.『대전예술』 3월호)

창을 열며

무더위가 기승을 부리던 날이다. 퇴근해 승강기를 이용하려고 버튼을 눌렀으나 문이 열리지 않는다. 누군가 먼저 이용하는 사람이 있는가 보다. 운동 삼아 계단으로 올라갔다.

현관문을 열고 들어서니 방문이 닫혀 있다. 방문을 열고 들어갔다. 갑자기 사방에 있던 벽이 나를 에워싸고 있는 느낌이 들었다. 아무 소리도 들리지 않아 적막하기만 하다.

다행히 한쪽 벽에 창문이 있어 숨통이 좀 트이는 것 같다. 창문 쪽을 바라보았다. 그쪽 창도 역시 닫혀 있다.

오늘따라 집안에 사람이 없어 닫힌 문만 보일 뿐이다.

아파트의 닫힌 공간 속에 혼자 있으니 답답하고, 쓸쓸한 생각이 든다. 우리에 갇혀 있는 기분이다. 이럴 땐, 어린 시절에 살았던 사방이 확 트인 시골집으로 달려가고 싶다.

시골집 사립문은 낮엔 거의 열려 있었다. 열린 문으로 이웃이 드나들고, 정 또한 그곳으로 전해졌다. 그러나 외출할 때는 닫아서, 집안에 사람이 없음을 알리기도 하였다. 문이 닫혀 있으면 볼 일이 있어서 왔던 사람도 들어가지 않고, 그냥 돌아가는 게 풍습이었다.

우리 집은 동향집으로 창(窓)이 동서로 나 있었다. 아침엔 떠오르는 햇살에 눈이 부셨고, 저녁엔 지는 노을이 가슴을 붉게 물들였다.

창문은 고추잠자리가 하늘 높이 날 무렵 창호지로 발랐다. 문고리 부분은 쉽게 찢어지기 때문에 겹으로 발랐다. 어머니는 그곳에다, 국화 이파리에 코스모스가 핀 무늬를 놓으셨다. 문을 여닫는 손길마다 그윽한 꽃향기를 전하려 했나 보다. 어머니의 고운 마음이었다.

이름 모를 풀벌레 소리에도 우수를 느끼는 가을밤이다. 산마루에 걸린 달이 아쉬운 듯 고개를 기웃거린다. 이때 창백한 달빛의 무게마저 견디지 못한 잎새 하나가 창가로 진다. 나뭇가지와 잎새의 이별이다. 그것은 애처로운 이별의 장면을 담은 움직이는 한 폭의 그림이었다.

문을 창호지로 바른 것은 바람을 막고, 방안을 밖으로 드러내지 않으려 함이다.

첫날 밤 신혼부부의 거동이나, 밖의 풍경이 궁금할 때는 손가락에 침을 발라 구멍을 뚫어 쉽게 볼 수 있었다. 시골집 창은 닫혀 있어도 창문에 붙여 놓은 작은 유리를 통해 밖을 볼 수가 있었고, 소리도 잘 들렸으며, 어느 정도 환기까지 시켜 주던 창이었다.

닫힌 창문을 다시 바라보았다. 이중으로 된 창이다.

밖은 투명한 유리요, 안은 우윳빛 유리로 되어 있다. 우윳빛 창으론 부끄러움을 감추고, 투명한 창으론 좋은 정취(情趣)를 보라 함인가. 아니면, 투명한 유리가 바깥세상의 일이라면, 우윳빛 유리는 정신적 내면세계를 뜻하는 것일까.

얼마 전 대전에 사는 초등학교 동창들과 만난 적이 있다. 먼 길을 가다가 보면 얼마나 왔을까 하고 궁금해 돌아보고 싶을 때가 있다. 그런 마음으로 그들과 만났다.

우리는 시골에서 자랐다. 집안 사정은 물론 성장 과정까지 훤히 알기 때문에 오랜만에 만났어도 거리감이 없었다. 졸업한 지 28년이 지났다. 지나간 세월 속에 수많은 사연의 편린(片鱗)들이 숨어 있었다. 생활 방식이 바뀌었음인지 모습도 많이 변해 있었다. 변하지 않은 것이 있다면, 어린 시절을 그리워하는 마음이었다.

어려웠던 일들은 추억 속에 묻고, 인내하며 살아온 것이 오늘의 모습이었다. 모두 지난날보다는 행복하고 풍요롭게 사는 것 같았다. 어렸을 적 실수담에 웃고, 힘들었던 일에는 서로 동정을 하며 시간 가는 줄 몰랐다.

모임이 끝나 갈 무렵, 서울에 살던 한 친구가 한 달 전에 대전으로 이사를 왔다고 한다. 시들했던 분위기가 그 친구의 이야기로 다시 활기를 되찾았다.

그의 집에 전화를 했다. 곧 이곳으로 오겠다고 한다.

그의 얼굴은 어렸을 때 모습 그대로였다. 반가워서 "어디 사느냐?"고 물으니, "산성동"이라 한다. 그러자 친구들이 모두 나를 쳐다본다. 그곳은 내가 사는 곳이기 때문이다. 알고 보니 그는 나와 같은 아파트에 살고 있었다. 그것도 같은 동(棟)에 출입구까지 같았다. 그런데 나는 그를 본 적이 없다. 먼 곳에 사는 사람도 길에서 우연히 만날 때가 있는데, 가까이 살면서도 한 번도 만나지 못한 것이다. 이를 두고 세상이 넓고도 좁다 하였던가.

한 지붕 밑에 살며 주거 공간만 아래위로 다를 뿐인데, 만나지 못했다. 마음이 다르고 생활이 달라서일까. 그것은 활동

적이지 못한 내 성격 때문이리라.

우윳빛 유리 속에 감추어진 나 자신을 들여다본다.

내가 어렸을 때, 우리집은 남자라곤 형 하나뿐이고, 할머니, 어머니를 비롯해 고모, 누나 등 여자가 많았다. 형하고는 나이 차이가 나 거리감이 있었고, 누나, 고모들과 이야기할 기회가 많았다. 그런 까닭에 내 성격도 자연 내성적으로 되었는지 모른다. 감수성이 예민한 때에 형성된 습성은 성장하며 바꾸려 해도 잘되지 않았다.

마음을 닫고 살아온 것이다. 그런 이유로 쉽게 만나지 못한 것 같다.

우윳빛 유리창을 연다. 투명한 창도 열었다. 시원한 바람이 들어와 가슴에 와 닿는다. 이제부터 닫혀 있던 마음의 창도 열어야겠다. 그러면 그도 자주 만나게 될 것이다.

(1992. 『수필문학』 8월호)

맹종죽(孟宗竹)

우리집 거실엔 대나무 하나가 있다. 마디마다 테가 하나씩 있는 맹종죽(孟宗竹)으로, 굵기는 손 아름에 길이가 한 발 정도 된다.

십여 년 전 담양에 갔다가 굵기가 큰 것이 신기해 사 온 것이다.

그가 처음 내 하숙집에 왔을 땐, 수줍어서 보이지 않는 구석에만 숨어 있었다. 결혼해 전셋집에 살 때도, 허드레 짐과 함께 주인집 창고에서 지냈다. 그래도 이사할 때는 나타났다. 그러길 몇 차례, 지금 사는 아파트로 이사 올 때도 이삿짐센터 사람이 못 쓰는 것으로 알고 버린 것을 뒤늦게 찾아온 적이 있다.

그렇게 천대를 받아서였는지 기가 죽어 내 앞에 잘 나타나지 않았다.

흐르는 세월은 그에게도 예외가 없었다. 뿌리가 없는 그도 나이를 먹는 걸까. 처음엔 젊디젊은 초록색이었으나 점점 그 빛깔을 잃어 갔다. 안색이 달라졌다. 앳된 표정은 사라지고 어른스런 표정을 하고 있다. 이젠 그도 늙었는지 완연한 갈색이다. 피부에 반점도 생기고 마디 밑엔 흰 주름까지 늘었다.

지나간 날들을 회상할 나이가 되었나 보다.

그는 어두운 땅속에서 오 년 정도를 지내다, 죽순(竹筍)이란 이름으로 세상에 나왔다. 밝은 세상이 그리웠음인지, 오십여 일 만에 굵기와 길이의 성장을 마치게 된다.

가지에 달린 잎은 기다란 타원형으로 두 장 또는 석 장이며 끝이 뾰족하게 생겼다. 표면이 맑고 매끄러워서 여느 벌레가 함부로 넘보지 못할 것 같다. 어쩌다 가지라도 꺾일라치면, 잎은 길이 방향으로 말려 삼지창(三枝槍)으로 변한다. 죽어서도 줄기를 지키겠다는 굳은 의지다.

계절이 바뀌어도 다른 옷으로 갈아입지 않고 늘 푸른 옷이다.

다른 나무가 잎에서 만든 양분으로 몸과 가지를 살찌울 때도, 그는 새로 나올 죽순을 위해 양분을 모두 뿌리로 보낸다.

자식을 생각하는 부모의 마음과 같다. 태풍이 불거나 흰 눈이 쌓일 때면 휘어질 줄도 안다. 하지만, 강인한 인내력을 바탕으로 다시 꼿꼿하게 일어서고야 마는 성질도 있다. 줄기는 속이 비어 있어도 뿌리는 차 있다. 빈속에 굳은 지조와 절개를 간직하며, 그로 인해 겪는 온갖 시련도 속이 찬 뿌리는 거뜬히 견디어 냈다.

그는 고결함이 군자와 같다 하여 사군자(四君子)중 하나였고, 소나무, 매화나무와 더불어 세한삼우(歲寒三友)라 하여, 예로부터 시인 묵객(詩人墨客)들의 벗이 되어 왔다. 중국의 죽림칠현(竹林七賢)이나 이태백(李太白)과도 잘 어울렸고, 소동파(蘇東坡)도 그가 없으면 마음이 저속해진다 하여 가까이하였다.

우리에게도 그에 대한 일화가 있다. 신라 대야성 싸움의 죽죽(竹竹) 장군과 죽령(竹嶺)이 있고, 대한제국의 충정공(忠正公) 민영환(閔泳煥)이 그와 관련이 있다.

민영환의 이야기다. 을사늑약 체결 시, 피맺힌 절규로 이천만 동포와 해외 공관장들에게 조선의 자주독립을 외쳤던 민영환이다. 호화로운 현직의 명예도 던지고, 망국적 최후를 죽음으로 사죄하여 나라로부터 받은 은혜를 갚으려는 의기와 강력한 기질은, 그의 유물을 보관했던 곳에서 피어났다. 네 줄기 아홉 가지의 혈죽(血竹)이 피어난 것이다. 나라 잃은 피 끓는 한을 혈죽으로 대신한 것이다. 충신의 고결한 충절이 아닌가.

그는 육십 년에 한 번 열매를 맺는다고 한다. 그 열매를 봉황이 먹고 산다 하여 더 고귀한 존재인지도 모른다. 그러나 그는 심금을 울리는 피리가 되고 방석이나 의자가 되어 우리 곁에 가까이 있다.

나도 어렸을 때 그를 만난 기억이 있다. 장난감이 별로 없던 때라서 집 뒤에 대나무가 많았던 친구 집에 가 자주 놀았다. 친구는 아버지 몰래 그를 낫으로 베어 바람개비와 연과 활을 만들었다. 두 팔을 벌리고 돌아가던 바람개비는 세상 돌아가는 이치를 알려 주었고, 하늘 높이 날던 연은 주름진 마음에 원대한 포부를 펴도록 하였으며, 휘어진 활은 어떠한 일에도 유연성 있게 대처하는 방법을 일깨워 줬다. 그러나 난 그걸 깨닫지 못했다. 그래서 그에게 야박하게 굴었나 보다. 그를 가까이하고 싶은 마음이 생겼다. 지금까지 창고에서 잠자고 있던 그를 깨워 거실장 위에 올려놓았다.

이제부터 그를 아끼고 사랑하고 싶지만, 마음에 묻은 때가 너무 많다. 내일부터라도 마음의 때를 닦아야겠다. 그러면 언젠가는 그를 가까이할 날도 있을 것이다.

(1997. 『수필문학』 8월호)

경이원지(敬而遠之)

끊으려야 끊을 수 없는 인연이 있다. 그것은 부모와 자식, 형제간의 인연이라 할 것이다. 일상생활에서 만난 인연이라면 헤어지거나 멀리할 수도 있겠지만, 부모와 자식, 형제간의 인연은 그럴 수가 없다. 특히 부모와 자식의 인연은 더욱 그렇다. 이런 인연이 좋은 인연으로 만났다면 즐거운 일이지만, 그렇지 못할 때는 어떻게 해야 할 것인가.

ㅊ공고에 근무할 때의 일이다. 기능 훈련을 마치고 밤늦게 퇴근하는데 ㅇ군이 교문 앞에 서성이고 있다. 그는 일 학년 학생으로 수업 태도가 좋지 않고 가끔 불량한 친구들과 어울려 말썽을 부리는 학생이었다.

야간 실습을 하는 학생들도 다 돌아가고 없는 늦은 시간에 아직도 집에 돌아가지 않은 걸 보면 무슨 일이 있는 게 틀림없다. 무슨 일일까? 궁금해서 가던 길을 되돌아와 그를 불렀다.

그는 생선 장사를 하는 홀어머니 아래서 자랐다. 가정 형편이 어려워 고등학교에 진학할 수가 없어 운동을 열심히 해서, 수업료가 면제되는 체육 특기자로 공고에 입학한 것이었다. 이렇게 입학은 했으나 현실은 그의 생각과 너무 달랐다. 자신의 특기인 육상은 도외시되고 학과 공부 또한 중학교 때부터 멀리했기 때문에 따라갈 수 없었다. 게다가 실습 교과도 그의 흥미를 끌지 못했다. 모든 게 자신의 기대와 어긋나 버렸다.

그는 고향에서 고생하시는 어머니를 생각하면 괴로웠다. 병약한 어머니는 객지에 나가 공부하는 아들만 믿고 동생들과 함께 생활하고 있었다. 그러나 어머니의 기대와는 달리 그는 학교생활과 동떨어진 생활을 하고 있었다. 이러한 자신의 처지를 혼자 고민하다가 끝내는 방황하기에 이른 것이다.

동병상련(同病相憐)이랄까. 아버지가 안 계신다는 말이 가슴에 와 닿는다. 나도 일찍 아버지를 여의었기 때문에 정신적으로 겪었던 고통과 갈등이 심했다. 그래 부모가 계신 학생들보다, 계시지 않은 학생들에게 더 관심을 가졌던 게 사실이다.

이런 이유로 그에게 더 관심을 두게 되었다.

그때 나는 하숙을 하고 있었고 그는 자취를 했다. 우선 그를 나와 같은 집에 하숙시키기로 하였다. 먼저 하숙비 절감을 위하여 두 명의 학생을 더 불러들여 나의 옆방에 같이 있도록 하였다.

그의 하루 생활은 나와 거의 같았다. 아침 일찍 등교해서 밤늦게 집으로 돌아왔다. 늦게 하숙집에 돌아와서도 그는 할 일이 있었다. 학교에서는 용접기가 있어 용접 실습을 할 수 있었으나 집에 와서는 할 수 없었다. 때문에 전기 용접의 기본자세를 익히기 위해 붓으로 선 긋는 연습을 하였다.

일반적인 서예 연습이 아니고, 붓대를 플라이어(plier)로 문 후, 고무줄로 묶었다. 그리고 플라이어를 잡고 붓끝에 먹물을 묻혀 선을 긋는 연습이다.

연습은 신문지를 이용해 용접에 필요한 자세에 따라 해 나갔다. 이러한 연습은 실제 용접을 하는 데도 큰 도움이 되고, 재료 절감의 효과도 얻을 수 있었기 때문이다.

얼마를 연습했을까. 까맣게 칠해진 신문지가 쌓여만 갔다. 따라서 그은 선의 굵기도 처음과 끝이 일정해졌고 삐뚤어지지도 않았다. 어느 정도 수준에 오른 것이다. 그는 실제 용접에서도, 다른 학생들보다 6개월 정도 빨랐다.

땀흘려 노력한 보람일까. 어느덧 이마의 땀을 씻던 그의 손에는 전기용접 기능사 자격증이 하나 쥐어졌다. 그 후에도 시간이 날 때마다 연습하여 숙련된 기능공이 되었다.

그러나 반듯한 길도 구부러진 곳이 있듯, 그의 길도 순탄치만은 않았다. 언제부턴가 얼굴 한구석엔 다시 수심이 서려 있었고, 용접도 자꾸만 거칠어져 갔다. 밝았던 얼굴에 다시 그림자가 드리워지기 시작한 것이다.

지금까지 돌아가신 줄만 알았던 아버지가 살아 계신다는 것이다. 아버지가 살아 있다면 행복한 일일 텐데 왜 고민을 할까?

집에 간 어느 날, 낯모르는 남자가 어머니한테 찾아와 돈을 내놓으라고 행패를 부리고 구타까지 하는 것이 아닌가.

그는 갑작스럽게 나타난 아버지도 충격이려니와, 어머니에 대한 폭력은 스스로 해결할 수 없는 어려운 처지였다. 감수성이 예민한 나이에 혼자 가슴속에 넣고 삭이기엔 너무나 벅찬 사건이었다.

이럴 땐 무슨 말을 해야 좋을까? 알맞은 말이 영 생각나지 않아 한동안 망설였다. 그의 고민이 내게로 옮겨온 것일까.

공자(孔子)의 경우가 생각났다. 공자는 부모의 야합(野合)으로 태어난 사람이라 한다. 그의 부모는 정상적인 결혼 의식을 거치지 않고 공자를 낳은 것이다. 공자는 부모의 비정상적인 결합에서 태어났기 때문에 열등감을 씻으려고 많은 노력을 했다고 한다. 정상적인 부부 사이에서 태어난 사람보다 도덕적으로 더 완전한 인간이 되기 위해 열심히 자기 수업을 하였다. 도덕과 지성의 표상인 공자도 부모에 대하여 고민을 했던가 보다.

그는 도덕적으로 완전한 인간이 되기 위해 부모의 행위를 부정하게 되면 불효가 되고, 그렇다고 용인하게 되면 도덕적으로 어긋나기 때문이었다. 공자도 여기에 이르러서는 양자택일의 궁지에 몰리게 된 것이다.

공자는 특이한 생각을 하였다. 도덕은 도덕으로, 부모는 부모로서 공경하는 것이었다. 도덕과 부모의 관계는 관여하지 않는 방법을 택한 것 같다.

경이원지(敬而遠之)*, 바로 ㅇ군에게 알맞은 말인 것 같다. 아버지로서 공경은 하되 가까이할 수 없는 처지를 말하는 것이다.

그 말을 들은 뒤에도 그는 아버지를 원망하는 것 같았다. 커다란 갈등을 푸는 데는 어려움도 많았겠지만, 점점 밝아지는 그의 얼굴을 볼 수가 있었다.

그는 2년 후, 국내 굴지의 회사에 취업이 되었다. 그 후, 몇 개월 뒤엔 기능직에서 사무직으로 옮겼다는 소식이 왔다.

그도 이제 불혹의 나이가 되어갈 텐데, 아직도 아버지를 경원(敬遠)하고 있을까?

*경이원지(敬而遠之) : 논어 옹야(雍也)편에 나오는 말로, 사람이 해야 할 도리에 힘쓰고 신이나 영혼은 공경하면서 멀리한다는 뜻. 요즈음은 공경은 하되 가까이할 수 없다는 뜻으로 쓰이며, 줄여서 경원(敬遠)이라고도 한다.

(1994. 『현대수필』 봄호)

무적해병의 신화와 애기봉 유래

호국보훈의 달을 맞아 김포시 월곶면 조강리에 있는 '해병대김포지구전적비'를 찾았다.

전적비가 있는 곳으로 올라가는 계단에 '무적해병'란 표어가 세워져 있어 눈길을 끈다. 붉은 바탕에 노란색 글씨다. 여기서 바탕의 붉은색은 끓는 피와 정열을 상징하고 노란색 글씨는 땀과 인내를 상징하고 있다.

계단 위에 세워진 '무적해병'이란 표어는 해병의 용맹함을 나타내는 말로 우리가 생활하면서 많이 보고 들어본 용어다.

이 표어는 한국전쟁 당시 북한군이 난공불락이라 자랑하던 강원도 양구 북방 도솔산 전투에서 미 해병 제5연대가 참전했으나 거듭 실패를 하였다. 이에 김대식 대령이 지휘하는 한국 해병 제1연대가 참전하여 17일간의 사투 끝에 도솔산을 점령함으로써 치열했던 도솔산 전투는 한국 해병의 승리로 끝나게 되었다. 그래서 고 이승만 대통령이 국방 장관과 미8군 사령관을 수행하고 해병 제1연대를 방문해 그 공적을 치하하고, '무적해병'이란 휘호를 내린 데에서 그 유래가 되었다고 한다. 우리가 지금까지 보고 들어 온 '무적해병'의 신화는 그렇게 해서 쓰이기 시작한 것이다.

계단을 따라 전적비가 있는 곳으로 올라갔다. 산은 초록색 물감을 칠해 놓은 듯 푸르고, 새들의 노랫소리까지 들려온다. 언제 이곳에서 치열한 전투가 있었냐는 듯 평화롭기만 하다. 하지만, 이런 평화를 얻기까지에는 우리 국군 용사들의 피로 얼룩진 숭고한 희생과 노력이 있었기 때문이다.

산봉우리에 있는 전적비를 바라보았다. 세 개의 흰색 기둥으로 된 높은 전적비 앞에 해병 용사가 한 손에 총을 치켜들고 "돌격 앞으로" 외치면서 진격하는 자세다. 해병 용사의 모습을 보며 그 당시 전쟁 상황을 그려 보았다.

1950년 9월 21일, 수도탈환작전에 참가한 해병대 제1연대 제3대대 용사들은 김포 비행장을 공격하는 적 2개 대대를 격파하고 김포와 강화도를 장악한다. 그리하여 인천에서 상륙한

부대가 서울 탈환을 위해 안전하게 경인가도로 진격할 수 있도록 하였다. 그리고 해병대 독립 제5대대 용사들은 1951년 3월 7일부터 김포지구 작전을 전개하여 북한군 잔적을 소탕하고 김포반도를 장악한 뒤, 휴전이 될 때까지 수도권 방어에 기여하였다.

강원도 양구의 도솔산 전투에서 승리했던 해병 제1연대는 이곳 김포지구 전투에도 참전해 많은 공을 세웠던 것이다. 그런 연유로 해서 전적비로 올라가는 계단에 해병 제1연대의 상징인 '무적해병'이란 표어가 세워져 있었던 것이다.

전적비를 다시 바라보았다. 세로로 '해병대김포지구전적비'라 쓰인 글자 위에 해병대 마크가 선명하게 보인다. 해병대의 상징인 독수리와 별, 그리고 닻이다. 이것은 무엇을 상징하는 것일까?

독수리는 해병대의 기상인 용맹성과 승리를, 별은 해병대의 사명인 지상 전투를, 기울어진 닻은 해양 또는 해군을 상징하며, 해병대 고유의 임무인 상륙작전 개시를 상징한다고 한다. 의미가 있는 이야기다.

전적비 앞에 돌진하는 자세로 서 있는 용감한 해병 용사의 모습에서 승리의 기쁨을 함께 외치던 해병 용사들의 함성이 들려오는 것 같다.

그곳에서 내려와 애기봉 전망대로 갔다. 앞에는 조강이 흐르고 그 건너에 북녘땅이 보인다. 가고 싶어도 갈 수 없는 우리 땅이다.

청나라가 침략해 왔던 병자호란 때 이야기이다. 당시 평안감사는 전투에서 패배한 후, 굶주린 병사와 피난민을 이끌고 한양으로 내려오던 중, 개풍군에서 청나라 군사들에게 잡혀 청나라로 끌려갔다. 이때 감사와 함께 내려오던 감사의 사랑하는 여인 '애기(愛妓)'는 강을 건너 이곳 조강 나루에 도착하였다. 그 후 애기는 매일 산봉우리에 올라 강 건너 북쪽을 바라보며 감사가 돌아오기만을 기다렸다. 하지만 감사는 끝내 돌아오지 않았고 '애기'는 병이 들어 죽게 되었다. 그녀는 죽기 전에 마을 사람들에게 "내가 죽으면 임이 오는 모습을 볼 수 있도록 산봉우리에 묻어 달라."고 유언을 남겼다 한다.

그 후 많은 세월이 흘러 이곳을 방문한 고 박정희 대통령이 슬픈 애기의 사연을 듣고 봉우리 이름을 '애기봉(愛妓峰)'이라고 짓고, '애기봉'이란 친필 휘호를 내려 비석을 세웠다고 한다.

임의 모습을 그리다가 죽은 후에도 임이 오는 모습을 보고 싶어 했던, 애기의 슬픈 사연이 전해져 내려오는 봉우리가 바로 애기봉이다.

애기봉이라 새겨진 비 옆에 청룡부대의 비(碑)도 세워져 있다. 청룡이 여의주를 입에 물고 하늘로 승천하는 모습을 비에 새겨 놓았다. 비가 바로 한 편의 수묵화처럼 보였다.

청룡부대 비 옆에 망배단이 있다.

이곳에서 실향민들은 고향인 북녘땅을 바라보며 얼마나 많은 한숨과 눈물을 흘렸을까? 단(壇) 위에 실향민들이 흘린 눈물과 가슴 깊이 맺힌 한이 주저리주저리 놓여 있는 것 같다. 망배단에 제수를 올리고 통일을 기원하던 실향민들의 아픔을 되뇌어 보았다.

바로 앞에 보이지만 갈 수 없는 북녘 땅을 바라본다. 그곳에 고향을 두고 온 실향민들의 눈물과 평양감사를 사랑했던 '애기'의 눈물이 함께 모여 조강으로 흐른다.

어서 빨리 통일이 되어 실향민들의 아픔도 사라지고, 이곳에 놓여 있는 망배단이 남·북 분단의 유물로 남겨질 그 날을 기다려 본다.

(2019.『해군』 6월호)

최중호 수필집

한국인의 두 얼굴

2020년 3월 20일 초판 인쇄
2020년 3월 25일 초판 발행

지은이 / 최중호
발행인 / 강병욱

발행처 / 도서출판 교음사
편집 / 隨筆文學社 出版部

03147 서울 종로구 삼일대로 457 수운회관 1308호
Tel (02) 737-7081, 739-7879(Fax)
e-mail : gyoeum@daum.net

등록 / 제2007-000052호

* 잘못된 책은 바꿔 드립니다. 값 12,000원

ISBN 978-89-7814-776-7 03810

이 도서의 국립중앙도서관 출판예정도서목록(CIP)은 서지정보유통지원시스템 홈페이지(http://seoji.nl.go.kr)와 국가자료공동목록시스템(http://www.nl.go.kr/kolisnet)에서 이용하실 수 있습니다.(CIP제어번호 : CIP2020011803)